AF610349

PHYSIOLOGIE DU MÉDECIN.

PAR LOUIS HUART.

Dessins par Trimolet.

PARIS.

…UBERT, ÉDITEUR, | LAVIGNE,
…de la Bourse. | 7, rue du Paon Saint-André.

PUBLICATIONS

D'AUBERT ET CIE,

GALERIE VÉRO-DODAT.

FOLIES CARICATURALES, par Cham, Emy, Forest, Maurisset, Bouchot, Trimolet, Pruche et autres. La livraison est composée de 8 pages remplies de petites caricatures très-comiques. Prix de la livraison. 50 c.

13 *livraisons sont en vente.*

L'ALBUM CHAOS, huit livraisons composées chacune de 4 pages contenant un nombre incroyable de sujets de tous genres, dessinés à la plume. Prix de la livraison. 50 c.

Sous Presse.

LE MIROIR DU BUREAUCRATE, joli petit album de poche, caricatures sur la bureaucratie.

OUVRAGES D'ENFANTS.

LA MORALE EN IMAGES va paraître par livraisons de 8 pages de texte, ornées de jolis dessins sur bois et accompagnées chacune d'une lithographie par MM. Charlet, Jules David, Devéria, Grenier, Roqueplan, et autres. Le volume se composera de 40 livraisons à 25 c.

LE PANORAMA DES ENFANTS CÉLÈBRES, 40 livraisons ornées de lithographies imprimées en deux teintes. Prix de la livraison. 25 c.

PHYSIOLOGIE
DU MÉDECIN.

IMPRIMÉ PAR BÉTHUNE ET PLON, À PARIS.

Physiologie
DU MÉDECIN,

PAR

Louis Huart.

Vignettes de Trimolet.

PARIS,

AUBERT ET CIE, Place de la Bourse. — LAVIGNE, Rue du Paon-St-André, 1.

CHAPITRE I.

Avant-propos philosophico-médical.

Il y a long-temps qu'on a défini le médecin en ces termes :

« Un homme vêtu de noir, mettant des drogues qu'il ne connaît guère dans un corps qu'il ne connaît pas. »

Cette maxime, pour être vieille, n'en est pas moins désolante,—et surtout n'en est pas moins juste.

Car après tout, depuis Hippocrate, la science médicale a beau faire chaque jour des pas de géant, il se trouve que ces pas se font de telle manière qu'après avoir marché pendant long-temps le médecin, se croyant enfin arrivé au but, s'essuie le front, respire d'un air de satisfaction, puis couvrant ses yeux d'une paire de lunettes pour mieux voir où il se trouve, reconnaît qu'il est arrivé tout justement au point — d'où il était parti.

Au lieu de faire son chemin en ligne droite, il n'a fait que suivre un cercle excessivement vicieux.

Ce qui fait que les médecins, plus que personne, auraient le droit de prendre pour devise la célèbre phrase de Montaigne : — *Que sais-je?*

Du reste, les médecins véritablement savants et surtout véritablement de bonne foi reconnaissent franchement qu'à la fin de leurs études les plus opiniâtres ils sont enfin parvenus à savoir qu'ils ne savent rien.

Malgré toutes les plaisanteries que l'on s'est permis de faire jusqu'à ce jour, et malgré celles que nous nous permettons encore de commettre dans le présent article sur le corps respectable, mais peu respecté de messieurs les médecins, il faut reconnaître qu'ils rendent de véritables services à l'humanité souffrante, non pas précisément par le résultat de leur science, mais par l'aplomb avec lequel ils se vantent de posséder cette science. — Un malade qui a le corps faible a l'esprit plus faible encore ; et quand il voit arriver à son chevet un homme qui, après lui avoir tâté le pouls avec beaucoup de sang-froid et lui avoir fait tirer la langue avec un sérieux imperturbable, déclare à haute voix qu'il se charge de le guérir, — l'a, par ce fait seul, déjà guéri à plus de moitié.

C'est ce qui explique parfaitement pourquoi les médecins devenus *célèbres* par l'une des causes que nous expliquerons plus loin, voient la nature sauver infiniment plus de malades entre leurs mains qu'entre les mains de leurs confrères obscurs et craintifs, qui n'arrivent auprès de leurs clients qu'avec l'air d'un *croque-mort* qui vient prendre mesure pour le dernier paletot réservé à l'homme.

L'important chez un médecin c'est donc d'avoir toujours l'air bien sûr de son fait, — et il faut reconnaître que les médecins du jour ne se font pas faute de suivre cet aphorisme, qui cependant, je crois, n'avait pas été mentionné par Hippocrate.

Le second point non moins important, c'est de n'avoir pas l'air trop étonné quand, malgré les remèdes, la nature, par un de ces mystères aussi admirables qu'inexplicables, vient à guérir un malade qui semblait destiné à partir sous peu pour l'autre monde que l'on dit meilleur; — le médecin doit toujours s'attribuer le mérite de cette cure étonnante, — il le peut même d'autant plus impunément que la nature est une bonne personne qui ne réclame jamais.

Après cela il faut reconnaître encore que les médecins du jour savent pareillement mettre en pratique ce second aphorisme qui continue à n'être pas d'Hippocrate.

Enfin il est un troisième conseil qu'il serait totalement superflu de donner aux Hippocrates contemporains : — à savoir, de se faire valoir les uns aux dépens des autres. — Car, s'il est une justice à rendre aux médecins, c'est qu'ils se détestent tous du plus profond de leur cœur.

Nous n'entreprendrons pas de retracer les systèmes imaginés par l'homme depuis qu'il a entrepris de lutter contre la mort, — athlète qui en définitive est toujours le plus fort; —

il faudrait tous les énormes volumes de l'*Encyclopédie* elle-même pour contenir toutes les idées gravement baroques ou baroquement graves émises par ces milliers de docteurs qui tous ont eu la prétention d'avoir seuls raison.

D'ailleurs ce serait à s'y perdre au milieu de ce labyrinthe de fioles et de cataplasmes, qui tous ont été plus ou moins réputés comme admirables par leur inventeur.

Nous n'avons pas l'intention de nous établir

juges du tournoi ou plutôt du duel véritable qui s'est établi entre la saignée et la sangsue ; — l'eau froide et l'eau chaude ; — les contagionistes et les non-contagionistes, etc., etc.

Nous sommes de l'avis de Sganarelle, avec une petite variante néanmoins, et nous dirons : — *Entre la saignée et la sangsue il ne faut pas mettre le doigt !*

Nous voulons seulement passer en revue quelques-unes des principales physionomies de cet être multiface compris sous le nom de médecin ! — et nous nous permettrons de rire des principaux moyens de charlatanisme employés par les rivaux de *Fontanarose.*

Après cela, si nous montrons un peu d'irrévérence envers la faculté, il ne faut pas croire que ce soit un parti pris de notre part de tourner tout en ridicule, même ce qu'il y a de plus respectable, à Dieu ne plaise. — Nous savons trop ce que l'on doit à la science et au désintéressement ; — aussi pensons-nous que l'on ne pourrra jamais rendre trop d'honneur au médecin véritablement philanthrope qui passera ses jours et ses nuits au chevet du pauvre et qui l'aidera de ses conseils et de sa bourse ! — Nous-mêmes nous nous empresserons de lui vouer notre estime et notre admiration, — quand on l'aura trouvé !

Mais il faut croire que jusqu'à présent on n'a pas bien cherché, car on n'en trouve pas souvent !

Quant aux médecins qui tuent leurs malades, nous les vouons aux remords et aux cauchemars nocturnes !

CHAPITRE II.

Du nombre des médecins qui exercent ou plutôt qui n'exercent guère en France

Ils sont quatre cents?

— Oui, monsieur; quatre cents!

— A Lyon?

— Oui, monsieur; rien qu'à Lyon!

— Heureuse ville, mais malheureux médecins!

Voilà pourtant où nous a conduits cette manie de donner ce qu'on appelle une éducation *libérale* à tous les jeunes Français quelconques, soit que le sort les ait fait naître au sein des villes ou des campagnes, — de la richesse ou de la médiocrité non dorée, — de la noblesse ou de la ferblanterie!

Qu'arrive-t-il depuis que tous les moutards ont été reconnus par la Charte égaux devant la grammaire latine et l'*Historiæ græcæ!* — c'est que tout le monde étant savant, tout le monde ayant obtenu au moins un accessit de thème latin ou de version grecque, tout le monde aussi se croit nécessairement appelé à obtenir les plus brillants succès dans les *carrières libérales.*

En conséquence, des pères de famille qui ont parcouru l'existence la plus honorable dans la bonneterie ou l'ébénisterie rougiraient de ne pas faire de leurs fils un médecin ou un avocat.

De là quatre cents médecins à Lyon! — et quatre mille à Paris.

Il y a certaines villes qui semblent vouées aux fléaux à perpétuité, et Lyon doit être mise au premier rang : car, outre les inondations, les émeutes, et les fièvres malignes, cette ville infortunée se voit encore assaillie de quatre cents médecins.

Or, avez-vous déjà réfléchi à ce que peuvent être quatre cents médecins dont trois cent quatre-vingts au moins sont sans malades!

On parle de la cruauté du tigre, de l'hyène,

du chacal, et autres animaux ayant des procédés peu délicats vis-à-vis de l'homme, — mais ces quadrupèdes fauves sont des moutons en comparaison du bipède noir nommé médecin.

Le tigre qui déjeune avec des côtelettes de voyageur peut faire valoir comme circonstances atténuantes qu'il ne connaissait nullement ce monsieur, — ou tout au plus qu'il le connaissait pour l'avoir rencontré une fois ou deux dans la société du désert.

Le médecin qui arrive dans une ville cherche non-seulement à déjeuner mais encore à dîner avec ses malades, et c'est tout d'abord à ses amis et à ses connaissances qu'il souhaite quelques bonnes fluxions de poitrine, quelques excellentes fièvres typhoïdes.

Quand ce cannibale vous prend la main et vous sourit avec un air de contentement, c'est qu'il trouve que votre peau est brûlante et couve quelque légère indisposition qui, avec des soins convenables, se transformera en une maladie qui durera bien deux ou trois bons petits mois; à deux visites par jour, cela forme un total assez nourrissant.

Les trottoirs des rues de Lyon doivent être envahis en ce moment par trois cent quatre-vingts flaneurs qui, le nez au vent, hument l'air de tous les côtés pour voir s'ils ne sentent pas la fièvre à droite ou à gauche, — de même que les corbeaux, autres personnages également costumés de noir, savent flairer parfaitement, à deux lieues à la ronde, le moindre moineau qui s'apprête à décéder.

Sans compter que le corbeau désire que le malade en finisse promptement avec cette mauvaise plaisanterie qu'on nomme l'existence, tandis que le médecin fait durer le plaisir aussi long-temps que possible et, sans vouloir la mort du pauvre diable, ne lui souhaite pourtant pas non plus la santé, — il le tient dans un juste-milieu fort désagréable.

Les quatre cents médecins de Lyon seraient probablement obligés de se croiser perpétuellement les bras ou de se tâter le pouls à eux-mêmes en se reconnaissant comme très-malades, si la Providence, que l'on doit toujours admirer jusque dans les plus petites, jusque dans les plus vilaines choses, n'avait eu soin de faire aussi abattre sur Lyon une nuée d'avocats, — autres jeunes gens non moins noirs, non moins voués à une profession libérale et non moins affamés.

Grâce à cette bonté de la Providence, les

docteurs en médecine donnent des consultations médicales aux avocats et, de leur côté, les docteurs en droit donnent des consultations judiciaires aux médecins : — les comptes se balancent, il n'y a rien de fait; mais les docteurs ont l'agrément de pouvoir dire : — *J'ai un client.*

O pères et mères sensibles, — et beaucoup trop sensibles même aux beautés des habits noirs, — vous auriez beaucoup mieux fait de laisser vos fils vêtus d'une bonne veste brune, aussi chaude que bon teint, — car rien n'est plus déplorable qu'un habit noir qui montre la corde, et qui, par conséquent, n'est plus noir.

Et encore, pour comble de malheur, quand cet habit orgueilleux vous rencontre dans la rue, — ô pères et mères sensibles, — votre vue semble l'humilier, et il rougit.

C'était bien la peine de manger toutes vos économies pour donner à votre enfant un habit noir qui n'est plus noir et qui rougit !

CHAPITRE III.

Des différents m ns de se rendre célèbre.

En général les médecins n'ont des malades qu'autant qu'ils ont beaucoup de réputation, et ils n'ont de réputation qu'autant qu'ils ont eu beaucoup de malades.

Les infortunés qui entrent dans la carrière médicale se trouvent donc dans un cercle vicieux dont il est assez difficile de sortir. — Pas de réputation pas de malades, pas de malades pas de réputation ! — En médecine ce n'est pas comme en algèbre, on se soucie fort peu d'aller à la recherche de l'*inconnu*.

Deux moyens sont employés par les docteurs de toutes les facultés possible pour arriver à cette transformation difficile qui change le modeste étudiant en médecine en un célèbre praticien : — à savoir le travail et le charlatanisme.

Par le travail on peut arriver, si l'on a la chance, à gagner mille écus au bout de quinze ou dix-huit ans.

Par le charlatanisme il faut avoir beaucoup

de malheur si l'on ne se fait pas douze ou quinze mille francs après deux ou trois ans. Ce simple calcul vous explique parfaitement pourquoi madame Saqui a fermé son théâtre ; le métier ne valait plus rien pour elle depuis que tant de médecins se sont faits acrobates.

Nous irons même plus loin, c'est que pas un des médecins les plus en réputation et les plus instruits ne niera, s'il est franc, qu'il n'ait usé d'un peu de charlatanisme au moins une fois dans sa vie ; non pas qu'ils aient employé ce charlatanisme grossier qui consiste à danser sur la corde raide de la Publicité au bruit des coups de grosses caisses de l'Annonce avec accompagnement de *réclame* obligée, — non pas qu'ils se posent comme guérisseurs universels de toutes les maladies que l'on nomme *secrètes* parce qu'on les affiche à tous les coins de rue, — non pas enfin parce qu'ils se proposent comme ayant inventé une manière de guérir les aveugles en leur faisant avaler toutes sortes de... blagues : — mais enfin le charlatanisme n'en existe pas moins réellement, bien qu'il soit employé avec plus de pudeur.

Ainsi avez-vous jamais rencontré un médecin plus ou moins de vos amis, qui, après les premières salutations d'usage, ne se soit immédiatement plaint d'être accablé de travail, ce qui l'empêche d'avoir un seul instant de libre pour aller voir ses amis bien portants.

Avez-vous jamais été en consultation chez un docteur plus ou moins célèbre, sans trouver dans son antichambre une douzaine de ces pauvres diables que le docteur traite gratis et qui jouent à sa porte le rôle des *billets donnés* à la porte des théâtres, — c'est-à-dire qu'ils font croire au public que la vogue y a fait élection de domicile.

Avez-vous enfin jamais dîné avec ou chez un médecin, sans qu'au milieu du repas, un domestique en livrée ou au moins une petite bonne ne soit accouru en toute hâte pour dire au docteur qu'il doit se rendre à l'instant même chez le comte de *** ou au moins chez le baron de n'importe quoi ?

Et dans les rues, avez-vous jamais rencontré un médecin qui marchât comme le vulgaire des hommes, — n'a-t-il pas toujours l'air de songer au traitement qu'il va faire suivre au malade, — chez lequel très-souvent il ne va pas !

Toutes les fois qu'un médecin guérit un malade, il ne lui cache pas, après coup, que la maladie était fort grave, et que la plupart des autres docteurs auraient perdu leur latin. — Par exemple, quand le malade meurt, il va sans dire que la maladie était encore plus grave, — à moins d'admettre que le docteur lui-même était bien gravement ignorant ; mais cela n'est jamais admis, du moins par le docteur.

Nous ne blâmons donc pas le charlatanisme des médecins, tant qu'il reste dans de certaines limites, mais nous n'avons jamais pu comprendre qu'un corps qui prétend se respecter lui-même et qui prétend être respecté des autres, permette que certains de ses membres se livrent aux écarts, aux grands écarts que nous avons déjà mentionnés plus haut.

Le corps des avocats, des notaires, des avoués et même des simples huissiers, de ces fonctionnaires qu'Arnal s'est même permis une fois de qualifier de *gueux*, ne souffrirait jamais qu'un avocat, un avoué, ou un huissier fît placer à tous les coins de rue des affiches dans lesquelles il annoncerait qu'il se charge de plaider, d'inventorier ou d'empoigner à *six francs*.

D'abord parce que c'est fort inconvenant, —

et ensuite, parce que ça gâte souvent les malades, — à perpétuité.

Les docteurs pourraient encore bien suffisamment se rattraper sur le charlatanisme des mémoires à l'*Académie de Médecine* et surtout des *réclames* de journaux.

Car outre les vulgaires annonces placées à la quatrième page, entre le *racahout des Arabes* et les chiens à vendre, les médecins emploient une foule d'autres moyens pour glisser leur nom et leur adresse.

Ainsi tantôt, c'est un monsieur qui allait dîner en ville et qui se trouve culbuté par un omnibus; — heureusement, un médecin distingué se trouvait sur le lieu de l'événement, et s'est empressé de prodiguer ses soins au blessé : — suit le nom et l'adresse du médecin.

Tantôt c'est un enfant qui est légèrement mordu par un chien (qui est déclaré enragé, parce qu'il s'est impatienté de ce que ce jeune Français lui tirait la queue depuis un quart d'heure) le docteur *** accourt et profite de la circonstance pour soigner... sa réputation. — Le nom et l'adresse comme d'habitude.

Mais l'un des moyens les plus à la mode depuis quelque temps consiste dans la lettre de reconnaissance écrite au directeur d'un journal par le particulier qui doit la vie aux bons soins du docteur qui cherche à devenir célèbre. — Voici comment se rédige presque invariablement cette épitre,—insérée au nom de l'humanité et au prix de 1 fr. 50 c. la ligne.

« Monsieur le Rédacteur,

» Permettez-moi d'emprunter la voie de votre estimable journal pour que je puisse remercier publiquement un homme que je ne crains pas de qualifier de bienfaiteur de l'humanité. — Depuis trois ans, Monsieur, je ne mangeais plus, j'étais (etc., etc., etc., suit le détail d'une foule de maladies qui peuvent être bien placées dans les colonnes des journaux, mais qui seraient déplacées dans ce volume)—enfin, Monsieur, j'étais réellement dégoûtant et dégoûté de la vie, quand la Providence m'a fait connaître le docteur *Fatempin* qui en moins de trois semaines m'a totalement délivré de ces horribles maladies.

Avec lesquelles j'ai l'honneur d'être,

Votre très-humble serviteur,

POTARD.

rue de la Grande-Truanderie.

CHAPITRE IV.

Les homœopathes.

Vous n'êtes pas sans avoir entendu parler de l'*Homœopathie.* — Cette mode nouvelle en médecine a fait presque autant de bruit que le Magnétisme, qui nous arriva aussi du fond de l'Allemagne.

Jusqu'à ce jour il était admis dans les meilleures sociétés, même de médecine, que pour guérir les maladies, on devait appliquer des remèdes produisant un effet contraire à ceux produits par la maladie elle-même, — de là était venu l'aphorisme : *contraria contrariis.* — Je vous demande pardon de faire le pédant et de vous parler latin, mais le latin des médecins a cela de commun avec le latin de cuisine qu'il peut être compris de tout le monde.

La maxime sanitaire citée plus haut commençait à devenir bien vieille, car elle datait du temps d'Hippocrate; aussi quelques médecins allemands, en voyant que les malades traités par l'ancien régime s'obstinaient à passer dans un monde meilleur, se sont-ils dit : — « *Tarteifle* (tous les Allemands commencent leurs phrases par *Tarteifle*, voyez plutôt les vaudevilles,) Tarteifle ! puisque l'ancienne médecine ne réussit pas, imaginons-en une toute nouvelle ! »

Effectivement, la nouvelle médecine imaginée a du moins le grand mérite de la nouveauté. — Au lieu de traiter par les *contraires*, on traite maintenant par les *semblables* : — *similia similibus*, — toujours latin de cuisine, — non, je veux dire de médecine.

Vous avez un léger rhume, et désirant vous en débarrasser, vous allez trouver un médecin homœopathe. — Que fait notre Hippocrate? — Il vous administre une drogue qui vous procure une énorme fluxion de poitrine, — et une fois que vous êtes guéri de ladite fluxion de poitrine (si vous en guérissez), vous vous trouvez complétement délivré de votre maladie primitive. — C'est miraculeux !

Vous souffrez d'une courbature dans les reins? — L'homœopathe saisit avec empressement l'occasion de vous être agréable, et saisissant avec le même empressement un magnifique manche à balai, il vous applique sur ces mêmes reins un remède vulgairement connu sous la dénomination de *roulée*, et qui fait que, l'instant d'après, vous ne songez plus à votre courbature primitive.

Vous souffrez d'une migraine? — vlan! une fièvre cérébrale! — On n'en meurt pas toujours!

Du reste, ce ne sont pas les hommes seulement que les médecins homœopathes traitent ainsi avec le succès décrit ci-dessus. Ils prodiguent aussi leurs soins aux quadrupèdes généralement quelconques, — même aux ânes.

Cependant nous ne pensons pas qu'ils le fassent toujours par suite de leur fameuse maxime *similia similibus*, — car ce serait vraiment trop d'humilité chrétienne et homœopathique.

Un autre point fondamental de la doctrine en question, c'est de n'administrer les remèdes intérieurs que par doses infiniment petites. — Ceci a du bon, car sans cela, je crois que la profession de médecin homœopathe serait encore bien plus malsaine pour le public.

Pour prendre médecine, au lieu d'avaler un grand verre plein d'une de ces horribles drogues noirâtres dont la recette date de l'époque de M. *Purgon*, sous Louis XIV,

vous prenez un petit paquet de poudre blanche, pesant environ un milligramme; — de ce milligramme, vous prenez avec les barbes d'une plume quelques atomes que vous transportez dans une carafe pleine d'eau claire ; — vous remuez, vous remuez, pendant quelques minutes, puis vous remplissez un verre... Que faites-vous, malheureux ? — vous alliez boire ce verre d'eau à pleines gorgées !... — Saperlotte ! comme vous y allez !

Vous prenez une petite cuillerée à café, vous la remplissez à moitié du liquide en question, — et vous l'avalez ! — le liquide, — pas la cuillerée à café ! — Ça suffit, vous avez pris médecine ; et, si elle n'est pas convenable, ce ne sera pas la faute de l'homœopathie, mais cela tiendra uniquement à ce que vous aurez avalé quelques gouttes de trop, — ou de moins.

Tous les médicaments et pour toutes les maladies sont administrés de la même manière, — et bien plus c'est presque toujours cette merveilleuse poudre blanche qui joue son rôle aussi agréable qu'impalpable.

Du reste, à bas les tisanes, à bas les pâtes de Tolu, de Regnault ou de colimaçon, à bas aussi tout ce qui jusqu'à ce jour avait usurpé la réputation de pectoral, de stomachique et d'antispasmodique.

Avec une tablette de jujube, la médecine homœopathique confectionnerait des potions de quoi guérir tout un régiment de cuirassiers qui aurait la coqueluche.

Je crois fermement que la doctrine homœopathique a été inventée primitivement par un médecin qui se sera vu refuser la main de la fille d'un apothicaire ; — et c'est de la colère de cet amant furieux qu'est né le système qui doit ruiner à tout jamais ces établissements philanthropiques où l'on vend du réglisse et du séné à huit cents pour cent de bénéfice.

Aussi les pharmaciens ont-ils juré une haine mortelle aux médecins homœopathes qui se sont vus obligés de préparer et de vendre eux-mêmes leurs petits paquets de poudre blanche.

On n'aurait pas trop à se plaindre de cela si par malheur les petits, les infiniment petits paquets de poudre blanche ne coûtaient pas aussi cher que les grandes bouteilles de drogues de l'ancien système !

Si on s'en plaint aux homœopathes, ils répondent : — *Il faut bien que tout le monde vive !*

Malheureusement cette phrase ne peut pas s'appliquer à leurs malades !

CHAPITRE V.

L'agrément des Consultations.

Bon nombre de personnes vous affirment gravement que, lorsqu'on est embarrassé, quatre avis valent mieux qu'un.....

Tous les goûts sont dans la nature, et, pour notre part, nous avouons franchement que, dans ce cas particulier, quatre avis différents auraient tout simplement pour effet immanquable de nous rendre quatre fois plus embarrassé qu'auparavant.

C'est surtout en fait de médecine que les avis, ou si vous aimez mieux, que les consultations de quatre ou cinq médecins nous semblent une chose parfaitement bien inventée pour les... médecins.

Il y a deux manières de procéder dans cette

plaisanterie médicale que l'on nomme consultation.

Première manière. — On laisse au choix du médecin habituel le soin d'indiquer les confrères qui doivent venir consulter avec lui sur l'état du malade, et le docteur choisit tout naturellement ses amis intimes (si l'on peut dire qu'il y ait des amis intimes entre médecins), ou du moins des gens avec lesquels il n'a que de bonnes relations, enfin des docteurs qui, en terme consacré, ont l'habitude de se passer depuis long-temps *la casse et le séné.*

Alors voici comment se passe la consultation entre ces flambeaux de la science, qui doivent s'éclairer réciproquement sur les mystères de la maladie en question.

Les quatre médecins sont introduits dans une pièce voisine de la chambre du malade; — et, pendant que trois de ces messieurs prennent place plus ou moins gravement dans d'excellents fauteuils, le quatrième reste debout afin de pouvoir mieux donner toute son attention... aux différents tableaux qui garnissent les murailles de la chambre.

Premier docteur. — Eh bien! monsieur Girardot, quelle est votre opinion?

Deuxième docteur. — Je veux d'abord laisser parler M. Derbois, c'est notre ancien. Eh bien ! monsieur Derbois, qu'en pensez-vous ?

Troisième docteur (continuant à regarder un tableau). — Messieurs, je pense qu'il vaut au moins mille écus... C'est une des meilleures toiles de Watteau...

Premier docteur. —Toujours distrait, ce cher Derbois... il ne songe qu'à ses tableaux... Nous parlions du malade M. Rigobert...

Troisième docteur. — Ah ! ah !... j'ai tout à fait la même opinion sur son compte que M. Girardot... Je me range à l'avis qu'il vient d'exprimer tout à l'heure... Il rend parfaitement ma pensée sur l'état de ce pauvre M. Rigobert...

Quatrième docteur (cessant de manger la pomme de sa canne). — A propos... l'un de vous, messieurs, voudrait-il partager avec moi un coupon de loge aux Italiens pour cette saison... Nous l'aurions une fois par semaine, c'est bien suffisant.

Troisième docteur. — Moi, je n'aime pas la musique... Et les décorations des Italiens sont si mauvaises... c'est une peinture effroyable.

Quatrième docteur. — Je serais pourtant

fâché d'avoir cette loge à moi seul... C'est ma femme qui m'a fait faire cette folie... Enfin... dites-moi donc, Girardot, savez-vous si les fonds ont encore baissé à la bourse d'aujourd'hui?

Etc., etc., etc., etc., etc., etc., etc.

Au bout d'une demi-heure, les quatre médecins, après avoir parlé ainsi des Italiens, des agents de change, des ministres, des républicains, de la reine d'Angleterre, des chapeaux

Gibus et du nez d'Alcide Tousez, lèvent la séance et déclarent à la famille du malade :

1° Que le médecin habituel a parfaitement suivi le cours de sa maladie ;

2° Que l'état de M. Rigobert, quoique fort grave, n'est pas désespéré avec un docteur aussi distingué que le sien ;

3° Enfin, que l'on avait approuvé à l'unanimité une application de soixante sangsues, qui bien certainement ne pouvaient manquer de soulager efficacement M. Rigobert.

Prix de la dite consultation : quatre-vingts francs, — non compris le coût des sangsues.

Quant aux trois amis médecins, après avoir mis leur malade à la diète, ils vont parfaitement dîner chez Véry, avec le prix de la consultation, et ils n'ont même pas la politesse de boire à la santé de leur malade.

Deuxième manière de se procurer l'agrément d'une consultation. — La famille Rigobert, voyant que les quatre premiers médecins et les soixante sangsues n'ont pas produit un effet complétement salutaire, se plaint de l'unanimité qui règne entre ces docteurs, et se décide à en choisir trois autres qui sont en grande réputation.

Les trois célébrités médicales se trouvent donc un beau matin réunies, sans le savoir, au pied du lit de M. Rigobert, et, à la grimace significative qui apparaît sur ces trois visages, on devine qu'ils ne sont jamais enchantés de se voir en face les uns des autres.

Après que ces messieurs ont pendant quelques minutes tâté le pouls et examiné la langue de l'infortuné Rigobert, on fait passer les trois personnages dans le cabinet voisin, et, au bout de quelques minutes, on entend, jusque dans la chambre du malade, le bruit d'une discussion fort vive, et même quelquefois des rugissements véritables, bien qu'on ait eu soin de ne leur jeter aucune nourriture, et de ne les agacer en aucune manière.

Lorsque la famille vient interroger ces messieurs sur le résultat de leur consultation, le premier docteur, que ses élèves intitulent *prince de la science*, déclare formellement que, chez M. Rigobert, c'est le cœur qui est malade, et que, si on ne le traite pas en conséquence en le saignant à blanc, c'est un homme mort.

Le deuxième médecin, que ses élèves qualifient non moins *prince de la science*, annonce à haute voix qu'il est de la dernière évidence que le malade a le cœur dans un état parfait, et que le foie seul est gravement atteint, et que, si on lui ôte une goutte de sang, c'est fait de lui, —suivant les principes de l'ancienne école.

Le troisième docteur, que ses élèves intitulent encore bien plus *prince de la science*. déclare de toute la force de ses convictions et de ses poumons que, chez ledit Rigobert, le foie et le cœur se portent comme un charme et que la rate seule est dans un état déplorable, — qu'en conséquence, si on ne traite pas énergiquement ladite rate, c'est un Rigobert mort.

Prix de la consultation : deux cents francs ! — non compris quelquefois le raccommodage des chaises que les princes de la science se sont lancées à la tête !

CHAPITRE VI.

Les Hydropathes.

Après les allopathes et les homœopathes, voici venir les hydropathes !

C'est encore en Allemagne, cette terre classique des rêveries et de la choucroûte, que l'hydropathie a pris naissance.

Car il ne faut pas croire que l'Allemagne ne produise rien que des poupées, des barons et des toupies, elle produit aussi énormément de médecins ; — elle en produit même au delà de ce qu'il lui faut pour sa propre consommation, et elle se livre à une exportation de ce genre d'articles qui trouve quelques débouchés à Paris, quoique Paris lui-même en ait déjà à revendre.

Mais les médecins exotiques ont toujours obtenu une certaine vogue en France, surtout quand à un nom bien baroque ils joignent des idées plus baroques encore. Mesmer n'aurait pas eu le moindre succès s'il avait eu le malheur de s'appeler Dubois et de naître à Dijon ou à Vaugirard ; — et le grand Hannemann n'aurait obtenu qu'une renommée infiniment petite, comme ses pilules, s'il n'avait pas eu le bon esprit de voir le jour à un très-grand nombre de kilomètres de Paris.

On peut dire que non-seulement nul n'est prophète, mais même que nul n'est médecin dans son pays.

Un beau jour un docteur allemand dont le nom nous échappe, mais qui finissait forcément en *man*, et que nous appellerons Peterman ou Blaguerman, si vous voulez, — un beau jour, disons-nous, le docteur Blaguerman, réfléchissant profondément au moyen de guérir les malades, — qu'il n'avait pas encore, — découvrit que l'eau claire, qui jusqu'à ce jour formait le plus limpide de ses bénéfices quotidiens, était le plus précieux de tous les éléments : — en conséquence, il résolut d'en faire celui de sa fortune ; — et voici comment il transforma l'eau en une panacée universelle, qui devait détrôner à tout jamais la pierre philosophale, l'or potable, la médecine de Leroy et même l'eau de Cologne de Jean-Marie Farina.

Voici le raisonnement préalable que se fit sans doute l'illustre docteur en *man* et en médecine : — La nature est une excellente mère de famille qui ne veut que du bien à ses enfants, c'est pourquoi elle leur a procuré les rhumatismes, les fluxions, les fièvres et la colique ; mais en même temps elle a voulu donner à ces mêmes enfants un remède souverain contre ces diverses affections, qui peuvent paraître désagréables au premier abord, mais qui au contraire sont une source d'agréments quand on a la satisfaction de s'en guérir. — Or le remède doit être nécessairement à côté du mal, car sans cela la nature ne serait plus bonne ; — et elle est bonne, puisqu'elle jouit de cette réputation depuis un temps immémorial.

Ce remède suprême, qui existait depuis l'invention du monde et de la colique, est bien simple et à la portée de toutes les fortunes, — c'est l'eau !

Mon Dieu ! oui, monsieur, l'eau, la pure eau, la simple eau !

Et admirez la prévoyance de la nature. — Toutes les fois que vous éprouviez une douleur quelconque, cette excellente nature vous faisait indiquer, même à votre insu, et par un instinct admirable, ce qui devait être votre panacée souveraine ; — car du moment où l'homme éprouve une douleur un peu vive, il s'écrie : — Oh ! oh !

Il est vrai, cette interjection ne s'écrit pas tout à fait comme elle s'écrie ; mais ce n'est pas la faute de la nature, c'est la faute de l'orthographe.

Et non-seulement vous dites : *Oh !* mais encore, appliquant le doigt ou la main sur la partie souffrante, vous ajoutez : — *Oh ! la la !*

Ainsi la nature, vous oblige à crier : Appliquez-moi de l'eau là !

C'est admirable, c'est admirable !

Eh bien ! ce qui n'est pas moins admirable, monsieur, c'est que le docteur Peterman, ou Blaguerman, a cessé d'être sourd au cri de la nature, qui s'enrouait depuis quatre ou cinq mille ans à pousser ainsi des exclamations qui n'aboutissaient à rien.

Désormais plus de douleur, plus de maladies : l'hydropathie vient de naître ; et l'homme ne mourra plus, à moins que ce ne soit de vieillesse ou d'une chute faite du cinquième étage.

La nouvelle école des hydropathes a déjà de nombreux élèves dans toute l'Allemagne; et probablement elle ne tardera pas à faire aussi des prosélytes en France, quoi qu'en puisse dire la Société *œnophile*. — Nous ne parlons pas des vulgaires marchands de vin; car si la mode vient à prendre parmi les Français de ne boire que de l'eau, ils auront à se reprocher d'y avoir contribué au moins pour moitié. — Ils seront punis par où ils auront péché.

Toutes les ordonnances des médecins hydropathes se terminent par ces mots sacramentels : « Croyez cela et buvez de l'eau ? »

Vieux farceurs !

Mais le malade doit bien se garder de boire de l'eau plus ou moins chaude, ce serait contrarier les lois de la nature, à moins que l'on ne se trouve dans les environs du puits de Grenelle. Le malade doit boire le remède tel qu'il sort des entrailles de la nature, de cette admirable pharmacie universelle ; c'est ce qui fait même que les imprudents qui s'administraient de l'eau sous différentes formes après l'avoir fait chauffer n'en éprouvaient pas tous les heureux résultats que procure l'eau froide, et puis il faut en boire, non pas des cuillerées, non pas des verres, non pas des cruches, mais des seaux.

Dans les nouvelles maisons de santé hydropathiques, tous les matins, lorsque le docteur fait sa visite, il compte son monde, et il dit : « Autant de malades, autant de seaux. »

Ce calcul me semble assez juste.

On cite actuellement de braves Allemands qui boivent jusqu'à *quatre-vingt-sept verres* d'eau dans leur journée. Ce chiffre est historique et prouve beaucoup en faveur de la capacité de leur... estomac.

Qui croirait jamais que ces gaillards-là sont nés dans un pays où on a inventé la poudre?

Après cela les gens pointilleux qui trouvent à redire à tout contesteront peut-être aux célèbres docteurs hydropathes le mérite de l'invention de leur méthode et prétendront que ce n'est qu'un plagiat de la méthode du non moins célèbre docteur *Sangrado.*

Mais nous ferons observer que c'est bien différent : — le docteur *Sangrado* faisait boire de l'eau chaude, tandis que les médecins hydropathes ne prescrivent que l'eau froide.

CHAPITRE VII.

Du Magnétisme, du Somnambulisme et du Jobardinisme.

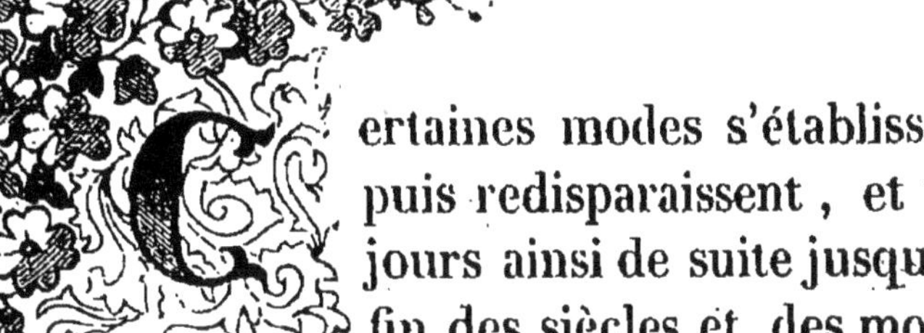

Certaines modes s'établissent, puis redisparaissent, et toujours ainsi de suite jusqu'à la fin des siècles et des modes. Il est de la médecine comme de toutes les autres choses ici-bas.

On ne fait de nouveau qu'avec du vieux, et il faut que ce soit bien vrai, puisque déjà cela était admis en principe et même en proverbe du temps de Salomon, le célèbre rival de Sancho Pança : — car vous n'êtes pas sans vous rappeler que ce monarque, plus spirituel que ne l'ordonnait sa profession, avait dit en propres termes : — *Il n'y a rien de nouveau sous le soleil*. Sauf, bien entendu, qu'il ne tient pas ce propos en français, — je l'ai traduit de l'hébreu pour votre commodité — et la mienne.

Mais laissons là Salomon, et revenons aux médecins magnétiseurs de notre époque : — cependant je voulais vous faire observer que probablement le magnétisme était connu lui-même du temps de l'amant de la reine de Saba ; des gens qui avaient déjà inventé les proverbes, les logogriphes et les charades, devaient aussi connaître cet autre divertissement de société.

Le magnétisme obtint le plus grand succès vers l'an 1775. — Mesmer et Cagliostro se partagèrent l'attention de la fin du dix-huitième siècle ; mais ces charlatans tombèrent dans l'oubli lorsque le peuple s'amusa lui-même à faire disparaître un trône comme une muscade.

Voici que depuis quelque temps, toujours d'après la loi du *renouveau*, la science de Mesmer a de nouveaux adeptes parmi les médecins, et les passes et contre-passes recommencent à jouer leur rôle aux yeux du bon public, qui, au lieu d'y voir du fluide, n'y voit que du feu.

Seulement les magnétiseurs de nos jours se sont dépouillés de tout cet appareil fantastique et fantasmagorique, qui du reste fit en grande partie le succès de Mesmer.

Nos habitudes actuelles étant fort simples, les médecins magnétiseurs ne veulent que beaucoup de simplicité, — surtout dans leurs malades.

Maintenant vous direz peut-être :—Monsieur, que guérit-on par le magnétisme ?

— Toutes les maladies, monsieur, pourvu qu'on y ait foi.

— Aux maladies?

—Non, au magnétisme, ce qui est bien différent. Vous n'ignorez pas que c'est au moyen du somnambulisme que s'opèrent toutes les merveilles en question. —La science est comme la fortune, elle vient en dormant.

Eveillé, vous n'êtes qu'un ignare, incapable de distinguer un rhume de cerveau d'une fluxion de poitrine, — et à peine endormi vous raisonnez fièvre cérébrale comme Hippocrate ne l'aurait jamais fait dans sa vie. — Heureusement pour lui.

Après cela il est fort difficile de trouver un sujet qui s'endorme du sommeil magnétique, — les docteurs parviennent à endormir beaucoup de personnes de leur auditoire, mais ce n'est pas magnétique, et par conséquent il n'y a rien de fait.

Aussi, chaque médecin-magnétiseur a-t-il son somnambule ou plutôt *sa* somnambule attitrée, qui n'a pour unique profession que de parler médecine en dormant. — Je ne sais si l'on a choisi pour *sujets* les femmes parce qu'elles parlent toujours volontiers, même en dormant, ou parce que l'on trouve facilement, au prix de deux cent cinquante francs par an, des *bonnes pour tout faire*, — et qui par conséquent font aussi parfaitement les somnambules.

Après cela, cependant, il en est des somnambules comme des animaux savants; il vaut mieux les prendre très-jeunes et les dresser à ça, suivant la théorie de *Lagingeole*, qui nous a très-bien révélé que pour avoir un ours parfaitement instruit, il suffisait de lui donner de l'éducation.

Voici comment se donne une consultation *medico-somnambulo-chartatano-magnétique.*

Vous allez chez le docteur auquel vous avez résolu de donner toute votre confiance et dix francs. — La bonne pour tout faire vient vous ouvrir la porte. — Vous annoncez l'objet de votre visite, et la bonne pour tout faire vous fait passer dans le cabinet du docteur.

Après quelques minutes d'entretien, que fait le docteur? — Il sonne à son tour, — et la même personne pour tout faire vient dans le cabinet et se place dans le grand fauteuil où se passe invariablement la même scène de comédie, non, je veux dire de haute médecine.

Après une douzaine de passes, la somnambule ferme l'œil, s'endort, et ronfle comme une contrebasse. — C'est l'instant ! — c'est le moment.

LE DOCTEUR (*à la dame qui a les yeux fermés*). — Voyez-vous monsieur !

LA DAME. — Oui, je le vois.

LE DOCTEUR. — Comment le trouvez-vous ?

LA DAME. — Bien laid.

LE DOCTEUR. — Non, ce n'est pas cela que je vous demande... Je vous parle de sa santé.

LA DAME. — Ah !... il est malade...

LE DOCTEUR. — Où est le siége du mal ?

LA DAME (*murmurant entre ses dents*). — Eu... eu... eu... eu...

LE DOCTEUR. — Vous dites?...

LA DAME (*même jeu*). — Eu... eu... eu... eu...

LE DOCTEUR. — Elle dit que vous avez mal à l'estomac.

LE MONSIEUR. — Pardon, monsieur... mais c'est dans l'épaule droite que je croyais souffrir.

LE DOCTEUR. — Voilà où était votre erreur... C'est l'estomac qui, chez vous, est malade... fort malade même !... (*A la somnambule.*) Quel remède doit-on faire prendre à monsieur ?

LA DAME. — Je ne sais pas...

LE DOCTEUR. — Voici qui vous prouve combien le magnétisme est exempt de charlatanisme... Madame ne connaît pas un seul terme de pharmacie... Quand elle dit *je ne sais pas*, cela veut dire qu'elle ne sait pas la dénomination que les conventions pharmaceutiques ont donnée à ce remèdee... Et cependant elle connaît parfaitement ce remède lui-même... Elle va nous l'indiquer d'une autre manière. — Comment est ce remède?

LA DAME. — Brun.

LE DOCTEUR. — Où est-il situé ?

LA DAME. — Dans une petite bouteille placée sur la deuxième planche de votre armoire... Je le vois d'ici... Monsieur devra en prendre trois cuillerées matin et soir... pendant trois ans... pour commencer.

LE DOCTEUR. — C'est admirable... C'est bien effectivement le remède qui convient à votre genre de maladie !

LE MONSIEUR. — Vous croyez?

LE DOCTEUR. — Comment, monsieur !... mais j'en suis sûr... et je vois avec peine que vous n'avez pas l'air d'avoir une confiance entière dans le magnétisme... et pourtant il n'y a pas de guérison possible sans cela... bien plus même... si du jour où je vous dis : *Vous êtes guéri*, vous ne vous croyez pas guéri... eh bien ! j'en suis fâché pour vous, mais vous ne serez pas guéri !

LE MONSIEUR. — Diable... diable !

LE DOCTEUR. — Mais, pour peu que vous doutiez des admirables phénomènes produits par le sommeil magnétique, je puis vous faire assister à une expérience concluante... je vais faire lire madame par l'épigastre... tenez, je lui applique mon journal sur le creux de l'estomac... Que lisez-vous?

LA DAME. — Le *Constitutionnel.*

LE DOCTEUR. — Vous le voyez, c'est admirable... le sens de la vue s'est déplacé... madame vient de lire par l'épigastre... et pour que rien ne manque au prodige... tenez, il se trouve que j'avais mis le journal à l'envers...

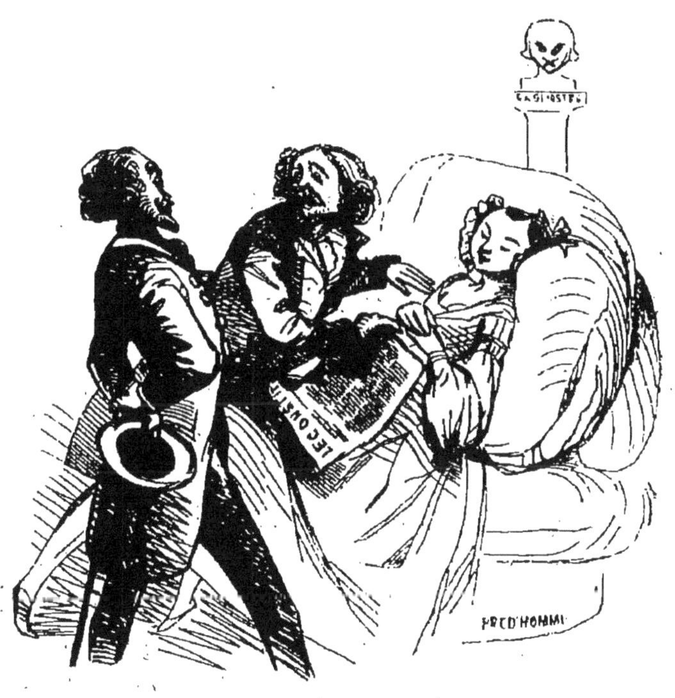

LA DAME. — J'ai soif...

LE DOCTEUR (*faisant un verre d'eau sucrée*). — Je vais la désaltérer. . (*Il boi le verre d'eau sucrée.*) Car par suite du courant magnétique établi entre nous... nous sommes assimilés l'un à l'autre... ce que je bois la désaltère parfaitement.

LA DAME. — Je boirais encore bien quelque chose.

LE DOCTEUR. — Non, ma bonne... c'est assez pour le moment... ça pourrait vous faire du mal.

LE MONSIEUR. — C'est admirable.

LE DOCTEUR. — Monsieur, quand vous désirerez une seconde consultation, je suis à votre disposition... si vous n'êtes pas à Paris, envoyez-moi tout simplement une mèche de vos cheveux... cela suffira pour vous mettre en communication avec ma somnambule.

LE MONSIEUR. — C'est que je porte perruque...

LE DOCTEUR. — En ce cas, monsieur, un léger fragment de votre perruque... cela reviendra absolument au même, je vous prie.

LE MONSIEUR. — Au plaisir, monsieur.

LE DOCTEUR. — A l'avantage, monsieur.

CHAPITRE VIII.

De la Médecine et de la Philanthropie.

La philanthropie est une invention toute moderne qui a été promptement appliquée à une foule d'institutions et de choses qui, au premier abord, ne semblaient nullement compatibles avec cette vertu.

Nous avons eu des discours, des poèmes, des romans, des banques et des prisons philanthropiques ; nécessairement la médecine ne pouvait pas manquer de suivre la mode générale et de se faire encore plus philanthropique que tout le reste. — Dans deux ou trois cents ans, quand on ne connaîtra plus toutes ces belles choses que de nom, notre siècle semblera s'être livré à la pratique de toutes les vertus les plus sociales qu'on puisse imaginer. — Et pourtant il faut avouer qu'en fait de morale et de vertu, notre époque laisse encore quelque peu à désirer.

Le médecin philanthrope ne se contente pas de se vouer à l'humanité souffrante, comme le vulgaire de ses semblables. Non-seulement, nouveau don Quichotte de la médecine, il parcourt le monde en redressant partout les torts et les travers, mais encore il rougirait d'accepter le moindre salaire pour ses consultations. Vous avez vu ou du moins vous avez pu voir au Cirque-Olympique, dans la pièce du *Mirliton enchanté*, un certain docteur espagnol qui remettait les bras et les jambes, et qui recollait la tête à ses malades.

Puis, lorsqu'on lui demandait combien on lui devait pour cela, il répondait chaque fois :

— C'est bon ! c'est bon ! ça se retrouvera avec autre chose !

Le médecin philanthrope français enfonce encore sur ce point le docteur espagnol en question ; car, après vous avoir remis un bras ou une tête, il vous répond immédiatement, lorsqu'on lui demande ce qu'il prend pour cette opération.

— Monsieur, rien du tout !

C'est-à-dire que quelquefois même il s'offense de cette question humiliante ; et pour un rien il vous recasserait le bras qu'il vient de vous rafistoler. — Tout cela par suite de sa philanthropie.

Eh bien ! grâce à l'ingénieux système de la philanthropie moderne, il n'est pas rare de voir des médecins qui donnent leurs ordonnances gratuitement, et qui dépensent quinze mille francs d'annonces, avoir encore douze mille francs de bénéfices à la fin de l'année. Voici le mot de ce logogriphe philanthropico-médical.

En tête de l'ordonnance gratuite du docteur philanthrope se trouve cette prescription essentielle :

« Ce médicament à prendre chez le docteur *Fleurant.* »

Et le docteur s'empresse de faire observer au malade que ce pharmacien est le seul à Paris qui sache préparer convenablement les remèdes selon la formule.

Si, malgré cette observation essentielle, le malade ne s'est pas rendu chez le pharmacien indiqué, lors de la seconde consultation, le dialogue suivant s'établit entre le docteur et le malade.

— Ah ! monsieur, que je vous trouve mauvaise mine ! Est-ce que vous n'avez pas suivi mon ordonnance ?

— Pardonnez-moi... Il me semble même que cela m'avait fait du bien.

— Non, je ne suis pas content de votre pouls... Il faut qu'il y ait quelque chose... La potion était peut-être mal préparée... Vous ne l'avez peut-être pas prise, comme je vous l'avais recommandé, chez le pharmacien qui est tout près d'ici, M. Fleurant ?

— C'est vrai... J'ai cru...

— Malheureux !... Mais votre imprudence peut me causer le plus grand tort... Car enfin, vous êtes bien libre de mourir, si vous voulez ;

mais alors ne vous faites pas soigner par moi..... Je tiens à ma réputation... Je vous avais bien prévenu que M. Fleurant était le seul pharmacien en qui j'avais confiance pour la préparation de cette potion qui demande le plus grand soin... Il y entre même des substances qui, mises à trop fortes doses, peuvent devenir très-dangereuses... Et je m'explique maintenant parfaitement votre mauvaise mine.

— J'ai donc... bien... bien... mauvaise... mine... (balbutie le pauvre diable effrayé).

— Très-mauvaise... Mais cependant je réponds de vous si vous suivez exactement mes prescriptions!.. .Mais, je vous en prie, ne faites plus d'imprudences pareilles.

Quant à la scène qui se passe chez le pharmacien, je ne pense pas qu'il soit nécessaire de la décrire. — Seulement, voici un aperçu du prix des drogues philanthropiques débitées au profit de M. Fleurant et Cie :

« Quinze pilules selon l'ordonnance. . . 15 fr.
» Pommade selon l'ordonnance. . . . . 10 fr.
» Une demi-bouteille de sirop sudorifique selon l'ordonnance. . . . . . . 10 fr.

Total trente-cinq francs. — En en laissant quinze au pharmacien, le docteur philanthrope se trouve avoir donné une consultation gratuite au prix de vingt francs.

S'il s'était fait payer ses soins, il n'aurait gagné que cent sous. — Vous voyez donc que le bénéfice net de la philanthropie est de quinze francs. — Plus les bénédictions de ses semblables, — et l'amitié de son pharmacien. Puis, à la fin de la semaine, les deux amis font leur petit décompte !

CHAPITRE IX.

Deuxième classe de médecins philanthropes. Les docteurs en jupon.

Les vieilles femmes en général, et les vieilles portières en particulier, ont une passion véritable pour la médecine, — et cette passion, que je ne crains pas de qualifier de malheureuse, vient encore puissamment en aide aux ravages exercés par le vulgaire des docteurs patentés.

Les portières surtout sont incorrigibles sur ce point, et rien ne peut leur ôter de l'idée que les médecins ne sont que des ânes et que les seuls remèdes qui puissent guérir sont les remèdes dits de *bonnes femmes*, — qualification qui me semble bien risquée si on l'applique aux vieilles portières. — Enfin, n'importe!

Non contentes d'occuper leurs vieux loisirs en faisant des ménages, de la soupe aux choux et des cancans, les portières veulent encore faire de la médecine.

Le dictionnaire complet des remèdes prescrits par ces hippocrates en jupon serait très-curieux, mais tiendrait au moins vingt-cinq volumes in-folio, attendu que dans chaque pays, dans chaque province, dans chaque ville, dans chaque quartier, les vieilles femmes ont sur une même maladie des manières de voir totalement différentes et des remèdes non moins variés.

Néanmoins il est certains points sur lesquels toutes les portières du monde sont entièrement d'accord. — D'abord elles reconnaissent à l'unanimité que la diète prescrite par les médecins dans la plupart des maladies est une chose monstrueuse; — aussi on ne leur ôtera jamais de la tête que presque tous les malades meurent de faim.

En conséquence, toute portière qui a pris un locataire en affection ne manque jamais de venir lorsqu'il est malade, de lui prodiguer les conseils les plus nourrissants, — et au lieu du bouillon de veau qui ne sert qu'à creuser l'estomac, elle lui fait prendre une bonne assiettée de soupe au lard émaillée de haricots blancs et de quelques petites tranches de cervelas à l'ail pour relever l'appétit.

C'est inouï, la quantité de cervelas à l'ail qui est pêchée chaque jour au fond des tasses de bouillon apportées par les familles aux malades de l'Hôtel-Dieu et des autres hôpitaux de Paris! — Le jambon est aussi regardé comme excellent pour l'estomac des malades et des convalescents : — aussi les concierges des hôpitaux font-ils concurrence aux employés de l'octroi et connaissent-ils parfaitement toutes les manières dont on cherche à dissimuler un jambon, un pâté de veau froid ou un gigot.

Un autre principe général de la médecine des bonnes femmes, c'est que tout noyé ne meurt que par suite de la grande quantité d'eau qu'il a avalée ; —en conséquence, lorsqu'on retire un pauvre diable à moitié mort du fond de la rivière, s'il se trouve dans les environs une bonne femme, son affaire est faite. — On le pend la tête en bas jusqu'à ce qu'il ait rendu toute l'eau qui le gênait.

Quand il est bien mort, — la bonne femme explique à l'assistance qui l'entoure que le noyé est mort parce qu'on ne l'avait pas pendu assez vite.

Quant aux bosses que se procurent les gamins en se culbutant sur le pavé, il est aussi reconnu à l'unanimité par les mêmes docteurs qu'on les guérit parfaitement en appliquant sur ladite bosse une pièce de cinq francs, et sur ladite pièce plusieurs bons coups de poing.

Le patient hurle, — mais la bonne femme prétend que ça lui fait beaucoup de bien.

La colique était un mal trop vulgaire, mais aussi trop poignant pour ne pas éveiller le génie inventif des esculapes en bonnet à barbe; aussi le nombre des recettes bonnes *pour* la colique est-il immense. — Il nous suffira de dire que l'on n'a que l'embarras du choix entre une omelette aux fines herbes appliquée brûlante sur le creux de l'estomac, — ou l'absorption immédiate d'une bouteille de vin dans

laquelle on a fait infuser du genièvre, deux gousses d'ail, trois onces de cassonnade et une pincée de tabac d'Espagne.

C'est là un remède souverain, — il est rare que la même personne le prenne deux fois de suite.

Quant aux sangsues, la bonne femme les a en horreur; on ne lui fera jamais croire que ces petites bêtes ne prennent pas le plus pur de notre sang et qu'elles ne laissent pas le mauvais.

Les maux de dents étant produits par la présence d'un petit ver blanc qu'on nomme *asticot*, la bonne femme à laquelle on a recours, après vous avoir expliqué dudit *asticot*, se met immédiatement à sa chasse avec une aiguille à tricoter, — et à force de fouiller, de fouiller, elle finit par amener... un bon morceau de la gencive.

Quant au brigand d'asticot, il sait toujours se réfugier au fond de la mâchoire.

Dieu vous délivre à tout jamais des *bonnes femmes!*

Jugez d'après cela de ce que doivent être les *mauvaises!*

CHAPITRE X.

Le Médecin des Eaux.

Le médecin des eaux est encore, si l'on veut, une variété de la classe des hydropathes dont nous vous avons entretenu dernièrement, sauf qu'au lieu de préconiser l'eau en général, il ne vante les qualités que de ses eaux en particulier. — Chacun prêche pour son saint, surtout quand ce saint rapporte, bon an mal an, un petit casuel de cinq ou six mille francs.

Vous n'êtes pas sans savoir que tout établissement thermal possède, outre sa source minérale, un ou deux médecins qui sont chargés par le gouvernement de donner des consultations aux malades qui viennent de tous les points de la France chercher un soulagement à leurs maux réels ou imaginaires.

Ces docteurs pourraient parfaitement guérir les hypochondriaques si ces malades s'établissaient derrière un paravent et assistaient ainsi à toutes les consultations qui se succèdent depuis le matin jusqu'au soir.

Voici un malade qui arrive et qui se plaint de souffrir des reins, du foie et de la rate! Le docteur lève les yeux au plafond, réfléchit profondément pendant quelques minutes avant de formuler son ordonnance, puis se décide à dire avec le ton sacramentel de rigueur :

« Vous boirez matin et soir trois verres d'eau, et vous prendrez chaque jour un bain d'une heure, et cela pendant toute la saison. »

Arrive un autre malade qui est très-content de ses reins, de son foie et de sa rate, mais qui se lamente sur son estomac!

Le docteur relève ses yeux au plafond, reréfléchit profondément pendant quelques minutes, afin de chercher l'ordonnance qui puisse soulager efficacement ce nouveau genre de maladie et dit avec le sang-froid particulier aux médecins des eaux, et avec l'organe qui n'appartient qu'à cette institution :

« Pendant toute la durée de la saison, vous prendrez chaque jour un bain d'une heure, et vous boirez soir et matin trois verres d'eau. »

Arrive un troisième visiteur dont l'estomac digèrerait de la galette ou des vaudevilles du Gymnase, choses éminemment lourdes, comme chacun le sait, mais qui souffre de rhumatismes aigus qui lui font pousser des cris *idem*.

Le docteur ne veut pas laisser un de ses semblables souffrir ainsi plus long-temps, et il se livre immédiatement aux méditations les plus profondes de son art sublime. — Aussi, après avoir suffisamment considéré le pour et le contre sous la forme du plafond, il se décide à rendre cet oracle non moins sûr que celui de Chalchas :

« Soir et matin, pendant toute la durée de la saison, vous boirez trois verres d'eau, et chaque jour vous prendrez un bain d'une heure. »

Ne peut-on pas s'écrier comme le bon monsieur Jourdain : *Que de choses dans la médecine* !

Il est vrai que là ne se bornent pas les fonctions du médecin des eaux. Il se lève tous les matins de bonne heure et se rend aussi à la source, non pas pour boire lui-même trois verres d'eau, — diable! il n'est pas assez... malade pour cela, — mais pour voir boire toute la société.

Car il paraît qu'aux eaux on croit qu'il y a différentes manières de boire. — Cependant il me semble qu'il suffirait d'avoir dit aux moins intelligents : « Vous boirez trois verres d'eau, » pour savoir ce que cela signifie. — A la rigueur, à la grande rigueur, le médecin pourrait ajouter : « *Vous boirez vous-même!* » comme le recommande le charlatan Fontanarose dans le *Philtre.*

Pourtant, nous comprenons la présence du médecin à la *source* quand la scène aquatique en question se passe dans certaines villes d'Allemagne, où les mots français n'ont pas totalement la même signification qu'en France.

Ainsi, quand le médecin vous a dit dans le langage qu'il s'imagine être du français :

« *Monzieu, vous z'irez à la zource dous les madins et fous boirez gudre verres t'eau* ; » vous croyez que, quand vous avez avalé quatre grands verres d'eau, vous avez parfaitement rempli les intentions hydrauliques de la faculté.

Eh bien! pas du tout, vous n'êtes qu'à moitié de votre besogne, — ces énormes verres de Bohême qui contiennent une demi-bouteille et que vous n'avez avalés qu'à force d'efforts, ne sont pas encore considérés comme des verres en Allemagne. Ce ne sont que des demi-verres.

Le véritable verre, le *widercome*, contient

une bouteille entière, et c'est quatre ustensiles pareils qu'il s'agit de vider dans un estomac qui quelquefois n'a été primitivement établi par la nature que pour contenir au plus un litre.

Pendant quatre ou cinq mois, le médecin des eaux se livre aux fonctions détaillées ci-dessus : mais pendant le reste de l'année, c'est bien différent, — il ne fait rien du tout.

Aussi en voit-on bien rarement mourir de fatigue, et ils atteignent généralement un âge fort avancé, à moins que par une grande imprudence, venant à éprouver une indisposition, ils ne s'avisent de se traiter eux-mêmes.

CHAPITRE XI.

Le Médecin des Dames.

Par dignité et par manque de fonds, certains médecins ne veulent pas employer le charlatanisme des journaux pour arriver à la réputation, mais ils ont un moyen non moins sûr, — il exige seulement de l'adresse, de bonnes manières et des gants jaunes. — Après cela ils seraient noirs, que cela reviendrait absolument au même.

Nous ne parlons pas de la science, parce qu'il est reconnu que tous les médecins en ont énormément.

Si je n'étais pas ce que je suis, — c'est-à-dire rien du tout, position sociale la plus agréable de toutes, — je voudrais être *médecin des dames.*

Le médecin des dames a de nos jours remplacé le confesseur; et il est même encore plus que le confesseur, car il est le souverain directeur de l'âme et du corps de sa cliente. — Une femme peut avoir des secrets pour son mari ou pour son amie la plus véritable (s'il existe des amies véritables); — mais elle n'en a pas pour son docteur, qui, même pour traiter un simple *coriza*, plus vulgairement connu sous le nom de rhume de cerveau, exige probablement que sa jolie malade lui déclare si le *moral* n'est pas attaqué.

Or, il n'est pas une femme, — jeune surtout, — qui n'ait le moral plus ou moins attaqué.

L'une désire un cachemire vert, — l'autre des boucles d'oreilles en diamants; — celle-ci veut une calèche, — celle-là une maison de campagne. — Or, le meilleur moyen d'arriver à faire satisfaire par le mari tous ces goûts plus ou moins ruineux, c'est d'avoir une bonne petite maladie nerveuse qui rende inévitable l'intervention du médecin, — et du spécifique nommé plus haut.

Il faudrait qu'un mari fût un barbare pour ne pas faire l'emplète d'un cachemire vert ordonné en guise de *julep*, — ou d'une petite maison de campagne prescrite par la Faculté.

Quand les conseils du médecin ont produit leur effet, la jolie malade lui dit : — *Docteur, vous êtes un homme charmant !* — C'est la manière de remercier le mari.

Il y a des femmes qui, pour se poser agréablement dans le monde, touchent du piano, jouent la comédie de société, ou pratiquent l'accordéon ; — d'autres se font femmes de lettres et donnent des soirées où, sous l'appât d'un punch à la romaine qui n'arrive jamais, elles font avaler à leurs invités plusieurs *élégies* escortées de pas mal de *rêveries!* — D'autres enfin, privées de tous ces talents que nous aurons la politesse de nommer d'agrément, ne veulent pourtant pas renoncer au plaisir de se poser aussi d'une manière quelconque, — en conséquence elles se posent en *femmes malades.*

De la sorte elles ont toujours un sujet de conversation inépuisable, — chose la plus précieuse pour toute femme qui n'a rien à faire du matin au soir. — Il est bien entendu qu'elle se crée alors une maladie dont les détails n'aient rien de disgracieux, — et les *nerfs* sont tout ce que l'on peut choisir de mieux.

Un médecin qui voudrait prouver à sa jolie cliente qu'elle est bien portante quand elle veut être malade, serait un être bien peu intelligent; aussi a-t-il toujours quelque remède à prescrire pour combattre cette terrible maladie. — L'ordonnance de l'emploi le plus fréquent consiste en un verre d'eau filtrée, dans lequel on fait dissoudre avec le plus grand soin quelques *centigrammes* de cette substance blanche que l'on vend chez les pharmaciens et aussi chez les épiciers, sous le nom de *sucre*, — puis on ajoute à cette potion quelques gouttes d'une petite fiole qui sent, à s'y méprendre, l'eau de fleurs d'oranger.

Et voilà une femme sauvée! — au moins pour quelques jours.

Le médecin des dames est presque toujours attaché à quelque théâtre, et il peut encore continuer dans les coulisses son rôle de Français galant, en accédant à tous les caprices des actrices à la mode, qui désirent avoir un certificat de maladie pour pouvoir aller faire une partie de campagne, ou assister aux courses de Chantilly.

Une autre spécialité des médecins de dames, c'est d'être d'une force prodigieuse pour savoir choisir des nourrices. — Ce sont des gourmets-jurés que l'on consulte et que l'on écoute religieusement toutes les fois qu'il s'agit de décider entre une grosse Alsacienne ou une appétissante Cauchoise. Et ne croyez pas que ces fonctions soient puériles. — Plusieurs docteurs des plus à la mode ont dû leur vogue et toutes sortes de croix d'honneur pour le talent avec lequel ils savent déguster le lait qui leur est soumis.

Ils reconnaissent le cru rien qu'à une simple goutte !

Ce sont les *Brillat-Savarin* du bureau des nourrices !

CHAPITRE XII.

Du Chirurgien militaire et du Médecin de campagne.

Dans l'armée, la qualification de *major* est accordée par le troupier à plusieurs personnages totalement différents. — Ainsi le chirurgien, le tambour-maître, le sergent-major et enfin le gros et véritable major, sont tous dénommés indistinctement *major*.

Nous n'avons à nous occuper ici que du major qui passe l'inspection des langues du régiment.

La foule des jeunes gens qui se pressent chaque année pour suivre les cours des hôpitaux militaires, afin de parvenir à obtenir le grade peu brillant et encore moins rétribué d'élève-chirurgien, suffirait seule pour prouver le peu de débouché offert à la jeunesse d'aujourd'hui.

Le chirurgien de régiment partage tous les ennuis et tous les périls de la profession militaire sans en être dédommagé d'aucune manière.

Après cela le gouvernement se plaint quelquefois de n'avoir pas rien que des *Dupuytren* comme chirurgiens sous-aides dans les régiments moyennant quinze cents francs par an. — Farceur de gouvernement !

Pendant que le plus vulgaire charlatan patenté par la Faculté de Paris pour apposer des affiches jaunes ou vertes à tous les coins de rue, se fait quinze ou vingt mille francs de revenu, — en spéculant sur la crédulité des pauvres diables qu'ils ne guérissent pas moyennant six francs!

A cela, vous me direz que ces individus sont des charlatans; et que tout le monde ne veut pas exercer cette profession peu honorable: — mais à cela aussi, — moi je vous répondrai que quinze cents francs par an ne forment qu'une rétribution fort médiocre pour des gens de mérite qui ne veulent pas être charlatans.

Le sous-lieutenant ne gagne pas plus qu'un *sous-aide* chirurgien, c'est vrai,—mais le sous-lieutenant à l'espoir de devenir colonel, général, maréchal de France même, — tandis que le bâton de maréchal du sous-aide consiste dans le grade peu magnifique de chirurgien-major :— cent louis d'appointements. — Il est vrai qu'il n'y arrive qu'après vingt ou vingt-cinq ans de service, — quand il y arrive.

En temps de paix, le *major* attaché à un régiment n'a rien d'autre à faire que de faire une tournée dans la caserne et d'envoyer à l'hôpital les soldats qui sont reconnus comme suffisamment malades pour jouir de cette *douceur*.

Ne riez pas trop de cette expression, car c'est à la lettre; l'hôpital est regardé comme une *douceur* par bon nombre de paresseux qui échappent ainsi à toutes les corvées qu'ils ont le droit de faire, — comme dit Charlet : — et pour peu que les gaillards soient naturellement gastronomes, et blasés sur les pommes de terre aux haricots et sur les haricots aux pommes de terre, ils feignent des maladies afin d'aller savourer pendant quelque temps des portions de pruneaux dont ils sont friands comme de véritables gamins de Paris.

Quant aux *majors* attachés aux hôpitaux, leur service est fort pénible ; — mais ils ne sont pas plus rétribués pour cela.

Après une bataille surtout, l'infortuné major de service à l'ambulance est assailli d'une foule de demandes ; et il ne sait auquel entendre :

— Major, coupez-moi la jambe s'il vous plaît ! — Mon bras pour l'amour de Dieu ! — etc., sans compter que la plupart du temps, l'opération faite, l'amputé ne lui dit même pas *merci*.

Il a souvent une excellente raison pour cela.

En fait de consultations, les majors de régiment ont de rudes concurrents dans certains vieux sergents qui sont écoutés comme des oracles par tous les conscrits. — Or ces oracles n'ont qu'un seul système, c'est que l'homme, étant né faible, a constamment besoin d'être fortifié. — Aussi, pour tous les maux, leur ordonnance est la même : — « Vous videz une cartouche de poudre dans un grand verre d'eau-de-vie, vous remuez convenablement avec le doigt, et vous buvez le tout, sans laisser ni une goutte ni une miette. »

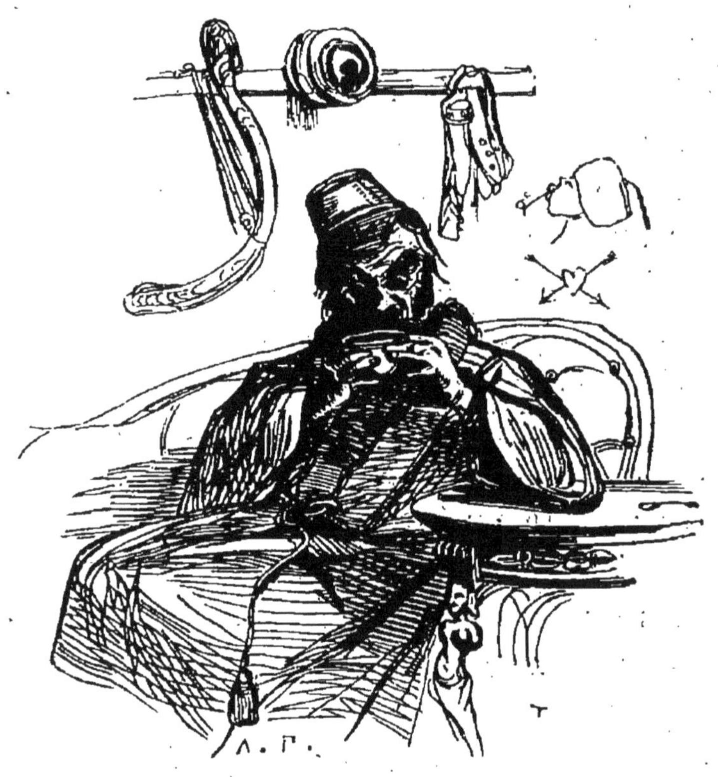

C'est là un baume souverain contre toutes les maladies : — il est de fait que c'est bien capable d'enlever tout, — le malade compris.

Du reste, ces docteurs galonnés ne manquent jamais de montrer à preuve de l'excellence de leur recette un ou deux grenadiers qui depuis qu'ils ont avalé la dite potion n'ont jamais eu la plus légère indisposition.

Je le crois parbleu bien ; quand on a pris un *lait de poule* pareil sans en tourner de l'œil à perpétuité, on peut avoir bien justement la prétention d'enterrer le genre humain.

De temps en temps, le major est appelé à quitter sa vie sédentaire de garnison pour faire une tournée générale dans le département destiné à fournir plus ou moins de héros non affectés de claudication, de protubérance dorsale ou de strabisme ; — autrement dit, le major suit le conseil de révision qui vérifie toutes les infirmités des conscrits de l'année.

Car, règle générale, bien que l'esprit français soit éminemment guerrier, comme disent toutes les romances : sur trois cents conscrits appelés par leur numéro—à l'honneur de porter un pantalon garance pendant sept ans — on compte trois cents individus qui se prétendent impropres au service militaire.

Heureusement que le major est là pour rassurer les jeunes Français sur l'état de leur santé ;

et le docteur, qui est bien pour cela le modèle des médecins, opère une foule de cures radicales en l'espace d'une demi-heure.

En un rien de temps, il rend la vue aux myopes, redresse les épaules arrondies, rallonge les jambes qui ont la prétention de boiter et aplatit les bosses les plus monstrueuses sans avoir besoin d'y appliquer une pièce de cent sous, suivant la recette des portières.

Il faut être bien Mayeux pour que le major ne cherche pas à vous prouver que vous êtes un Adonis.

Après trente ans de service, le *major* est invité par son gouvernement à vouloir bien accepter sa retraite, et, afin qu'il puisse embellir sa vieillesse de toutes les douceurs imaginables, le même gouvernement, dans sa munificence, lui accorde une pension de huit ou neuf cents francs.

Aussi l'infortuné major, pour peu qu'il désire ne pas mourir de faim, — vilaine mort, — se retire à la campagne, afin de continuer à y cultiver la médecine concurremment avec la pomme de terre.

Et l'une rapporte plus que l'autre, — nous parlons de la pomme de terre bien entendu, — car le médecin qui se dévoue à soigner les campagnards ne gagne guère, dans l'exercice de ces fonctions, que des rhumes de cerveau ou des fluxions de poitrine.

Règle générale : — Les paysans ne vont chercher le médecin que quand le malade est à toute extrémité ; car s'ils aiment leurs grands-parents, ils aiment encore plus leurs petits écus, — et le médecin qui a fait trois ou quatre lieues à travers les champs, et même souvent à travers la pluie, sur un cheval plus que poussif, n'arrive que pour fermer les yeux au malade.

Or, règle générale, à la campagne on ne paie jamais le médecin quand le malade vient à mourir.

Ce que l'infortuné docteur a donc de mieux à faire, c'est de ne rien réclamer, et de reprendre tout simplement son parapluie, son cheval, et son chemin !

Enfin, pour comble d'infortunes, le vieux major, médecin de campagne, n'a pas même la consolation de vivre en paix au milieu des stupides villageois, car il est déteste du *berger* de la commune qui, lui aussi, a, de père en fils, la science de deviner et de guérir toutes les maladies. — Pour peu que la scène se passe en Picardie, dans les Pyrénées ou en Bretagne, le *berger-médecin*, qui à ces deux fonctions joint l'emploi de *sorcier*, après avoir regardé dans la paume de la main des malades, leur révèle qu'ils sont sous l'influence d'un *sort* qui leur a été jeté par le médecin de la commune, et qu'ils ne pourront s'en délivrer qu en donnant une *roulée* audit *médecin*.

CHAPITRE XIII.

Les Empiriques - Voyageurs.

Il n'est pas rare de lire dans les *Petites Affiches*, entre la demande d'une *bonne pour tout faire* et la promesse de *récompense honnête* pour un caniche égaré, l'annonce suivante :

« On demande un médecin pour » voyager. S'adresser, pour les conditions, rue » de la Grande-Truanderie. »

Dans votre naïve ignorance des choses de ce monde, à la lecture de l'avis ci-dessus, vous avez pensé, sans doute, qu'il s'agissait d'un monsieur très-riche, à qui ses moyens permettaient de voyager ainsi avec une maladie et un médecin, — enfin, un monsieur ne se refusant rien.

Seulement, pour peu que vous n'ayez pas été très-pressé dans ce moment, et que vous ayez continué à réfléchir sur les *Petites Affiches*, vous vous serez dit : — « Tiens! c'est bien étonnant qu'un monsieur très-riche soit allé se loger rue de la *Grande-Truanderie.* Il est bien original, ce monsieur; ce doit être un Anglais! »

Et partant de là, peut-être même avez-vous dit à quelques-uns de vos amis, médecins sans malades : — « Mon cher ami, il y a un Anglais très-riche qui cherche un médecin pour voyager. »

Eh bien! j'en suis fâché pour vous, mais vous étiez plongé dans une profonde erreur, — relativement... à l'Angleterre — et au malade très-riche de la rue de la Grande-Truanderie.

Voici l'explication de ce logogriphe médical :

Depuis une vingtaine d'années, la police correctionnelle française, se montrant infiniment plus susceptible que la Faculté de Médecine, poursuit avec sévérité tous les empiriques, plus vulgairement nommés charlatans, qui se permettent de guérir les maux de l'humanité souffrante, sans avoir préalablement reçu d'une faculté de médecine le brevet en vertu duquel ils peuvent désormais *saignare*, *purgare* et *expediare* un chacun.

D'autres empiriques sont moins universels et se contentent de guérir certaines maladies, — et il est à remarquer qu'ils affectionnent surtout les maladies des yeux; cela se conçoit : ces malades sont plus disposés que tous les autres à avoir dans le premier charlatan venu une confiance aveugle.

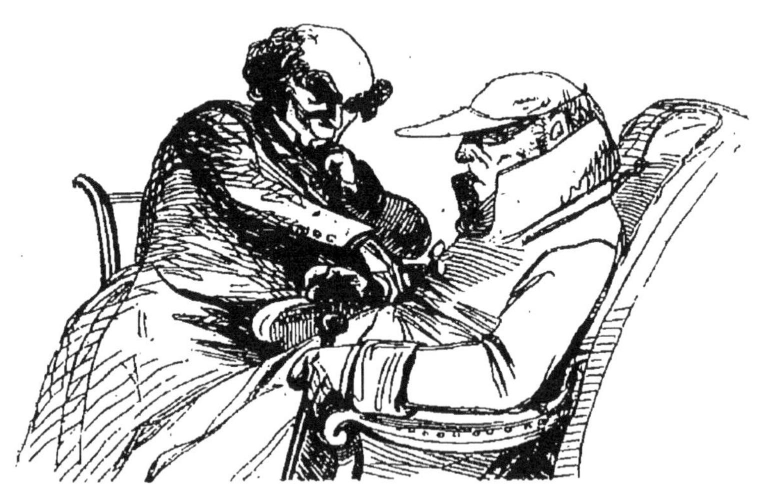

Aussi Dieu sait le nombre d'oculistes qui voyagent continuellement dans les quatre-vingt-six départements! — Car il est encore à remarquer que presque tous ces bienfaiteurs de l'humanité sont des Italiens, des Espagnols ou au moins des Savoyards; — du reste, se vantant tous également d'avoir fait l'opération de la cataracte à des princes napolitains et même à la mule de notre saint-père le Pape! Or, en réalité, à Naples et à Rome comme à Paris, ils extirpaient tout simplement les dents qui voulaient bien les honorer de leur confiance : — le tout avec une lame de sabre, seul instrument vraiment digne de faire saigner les gencives des guerriers de tous les pays.

Pour éviter d'être condamnés à une amende de cinq ou six cents francs, pour exercice illégal de la médecine, en France, ce qui diminuerait singulièrement leurs bénéfices, pour peu que cette amende fût prononcée lors de chaque consultation, — ces esculapes voyageurs ont soin de mettre dans leur fourgon, outre toutes les fioles de rigueur, un médecin français, un médecin pour de bon, qui contresigne toutes les ordonnances en y ajoutant les initiales de rigueur : D. M. — Dès lors, tant pis pour le malade, s'il meurt, — il mourra dans les règles !

Que dites-vous de ce commerce médical? — Ne vous semble-t-il pas le beau idéal de la civilisation! — Ce ne sont pas les Bedouins qui inventeraient des choses pareilles!

Chacun de ces médecins qui voyagent à la suite de ces empiriques, donne environ trois ou quatre signatures par jour, — ce qui fait, au bout de l'année, un total de quatorze cent soixante ordonnances, ce qui, à douze cents francs par an, les met l'une dans l'autre à dix-sept sous!

Il est impossible de tuer les hommes à meilleur marché; — la justice est beaucoup moins avantagée que la médecine, car on ne trouve pas de bourreau à moins de cent louis par an, — et encore, très-souvent, n'a-t-il rien à faire pendant deux ou trois ans.

Nous nous plaisons à croire que de temps en temps les empiriques se montrent généreux envers l'exécuteur de leurs basses œuvres, et que les jours où ils ont bien *travaillé* dans une ville, ils leur donnent une gratification bien méritée en leur servant de la nourriture à discrétion.

Il est de ces empiriques-voyageurs qui gagnent vingt-cinq mille francs par an. —

Vous trouvez peut-être que cela ne s'explique pas? — eh bien! au contraire, cela s'explique parfaitement bien. — Suivez plutôt le dialogue établi par un de ces charlatans nomades et un brave et honnête médecin de province qui avait toutes les peines du monde à se faire mille écus par an dans une ville où l'un de ces acrobates venait de gagner douze cents francs en quinze jours.

L'EMPIRIQUE. — Combien comptez-vous, — je ne dirai pas d'*âmes*, — mais d'habitants dans votre ville, monsieur le docteur?

LE DOCTEUR. — Vingt-cinq mille.

L'EMPIRIQUE. — Combien, sur ces vingt-cinq mille habitants, comptez-vous d'individus spirituels?

LE DOCTEUR. — C'est assez difficile à savoir au juste... Mais je crois pouvoir affirmer qu'il n'y en a pas plus de cent cinquante... encore tout au plus.

L'EMPIRIQUE. — Et à combien évaluez-vous lenombre de ceux qui ont du bon sens, de l'intelligence, de la réflexion?

LE DOCTEUR. — Peut-être trois cents.

L'EMPIRIQUE. — C'est aussi mon avis... Par conséquent, vous n'avez plus à vous étonner si dans cette ville, en cas de maladie... quatre cent cinquante personnes auront plus de confiance en vous qu'en moi... Et vous voyez bien que j'aurais dû gagner plus de douze cents francs en quinze jours, puisque je m'adressais à vingt-quatre mille cinq cent cinquante imbéciles qui m'appartenaient exclusivement!

Une fois retiré des affaires, notre docteur vit tranquillement au milieu de ses jobards de contemporains, et s'il ne jouit pas de l'estime générale, du moins est-il respectueusement salué par tous les employés des *pompes funèbres*.

CHAPITRE XIV.

Prodiges de la Chirurgie.

Depuis un temps immémorial, la chimie semblait avoir la spécialité des *prodiges*. — Voir aux annonces de pommade mélaïnocome. — Mais la chirurgie n'a pas voulu rester plus long-temps en arrière de la science qui a inventé la poudre, la mort aux rats et la pâte de Regnauld.

Désormais la chirurgie, plus encore que la chimie, aura le droit de faire des annonces et des affiches prodigieuses. — Et ce qu'il y a de plus admirable dans tout cela, c'est que ces cures merveilleuses sont obtenues à l'aide d'un simple coup de lancette. — Vlin !

Je regrette immensément, pour ma part, de n'être pas né louche, bègue et bancal, car j'aurais l'agrément de me faire redresser la langue, les yeux et la jambe dans la même séance. — Messieurs les enfants au-dessous de sept ans paient moitié prix.

Mon Dieu, maintenant vous allez chez le premier chirurgien venu, fût-il même un simple chirurgien dentiste, et vous lui dites :

— Monsieur, je louche horriblement.

Le chirurgien même dentiste vous réplique :

— Tant mieux, monsieur !

— Oui, mais je suis bègue !

— Parfait, monsieur !

Là-dessus, sans autre forme de conversation, le chirurgien ouvre sa trousse ; — vous ouvrez les yeux, — le chirurgien tire sa lancette ; — vous tirez la langue, et en un clin d'œil on vous flanque un coup de lancette dans la langue et dans l'œil. — C'est fini, — vous parlez désormais comme un avocat, et vous voyez d'aussi loin qu'un garde du commerce ! — A moins pourtant que la lancette de l'opérateur ne vous ait crevé l'œil ; — mais vous avez toujours la même consolation de pouvoir vous dire : — « Je ne suis plus louche ! »

Vous êtes borgne, voilà tout.

L'opération de la langue demande aussi infiniment de précaution, car si le chirurgien se trompe de nerf, il arrivera qu'au lieu de vous couper le filet, il vous coupera le sifflet.

Sans ces deux petits désagréments, ces deux opérations réussissent toujours admirablement bien.

M. Jacotot prouvait dans son temps que *tout est dans tout.* — Les chirurgiens modernes vont encore plus loin : ils se proposent de prouver que *tout est dans un petit nerf.* — Il s'agit seulement de trouver ce scélérat de petit nerf qui cause ainsi des perturbations dans votre individu. — Ils ne disent plus qu'il faut couper le mal dans sa racine, mais bien dans son petit nerf.

Vous irez vous plaindre d'une gastrite? — Le chirurgien se mettra à fouiller dans toutes les petites ficelles qui font mouvoir le polichinelle nommé *Homme*, et vlin! il coupera la ficelle qui tire trop l'estomac!..

Boitez-vous comme M. de Talleyrand, — vlan! — un coup de lancette derrière l'oreille tranche la difficulté en même temps que le petit nerf qui, en se rétrécissant, avait causé votre claudication.

Éprouvez-vous de temps en temps les accès d'une colique effrénée? — Paf! — on vous coupe le nerf de la colique, et tout est dit.

Seulement, tout l'important de l'opération est toujours de ne pas commettre la plus petite erreur dans les quarante-trois mille petits nerfs qui s'enchevêtrent les uns dans les autres, et qui contribuent tous, pour leur petite fonction spéciale, à embellir le corps humain.

Si l'opérateur, par suite de myopie, d'étourderie ou d'ânerie, et même par suite de ces trois choses réunies, vient à laisser dévier son scalpel seulement d'un millième de ligne, je ne vous cache pas que vous aurez du désagrément.

Sorti de chez vous, en ne boitant que de la jambe droite, le chirurgien peut vous faire rentrer dans votre domicile en boitant de la jambe gauche, parce qu'il vous aura trop guéri, — car s'il coupe deux nerfs au lieu d'un, il rallonge tellement la jambe primitivement trop courte, que c'est alors l'autre jambe qui ne peut plus la suivre.

— De même pour les yeux. — Vous avez, depuis votre plus tendre enfance, contracté l'habitude déplorable de vous regarder le bout du nez. — Fatigué de la monotonie de ce point de vue, vous priez le chirurgien-docteur en strabisme de vouloir bien faire un changement à vue à la vôtre.

Si, pendant l'opération, vous avez le malheur de parler politique et de demander à ce monsieur son opinion sur la *question turque* ou sur la *question des sucres ou des morues*, — le bistouri s'égare et une section maladroite vous fait partir le noir de vos yeux à l'autre extrémité de l'orbite. — Au lieu de regarder votre nez, vous avez l'air de chercher constamment à regarder vos oreilles.

Il faut espérer cependant que la chirurgie française ne s'arrêtera pas en si beau chemin, et après avoir trouvé l'art de redresser toutes les infirmités nerveuses, elle trouvera le moyen de remplacer les nerfs détériorés comme on remplace les cordes d'un violon.

On verra s'établir des boutiques où l'on vendra des nerfs de première qualité, des nerfs de caoutchouc, des nerfs en crinoline-Oudinot (durée, vingt-cinq ans!)

Néanmoins, malgré toute espèce de concurrence, nous pensons que les meilleurs et les plus recherchés seront toujours les nerfs de bœuf.

Quant aux simples opérations qui consistent à redresser un bossu en trois séances, c'est le pont aux ânes de la chirurgie. — Il existe plus de cinquante lits tous plus orthopédiques les uns que les autres, et grâces auxquels, fût-on orné sur les épaules d'un monticule gros comme la butte Montmartre, on se trouve promptement aplati comme une limande.

Quelquefois même le malheureux patient trouve qu'on le guérit infiniment trop, — les hommes ne sont jamais contents.

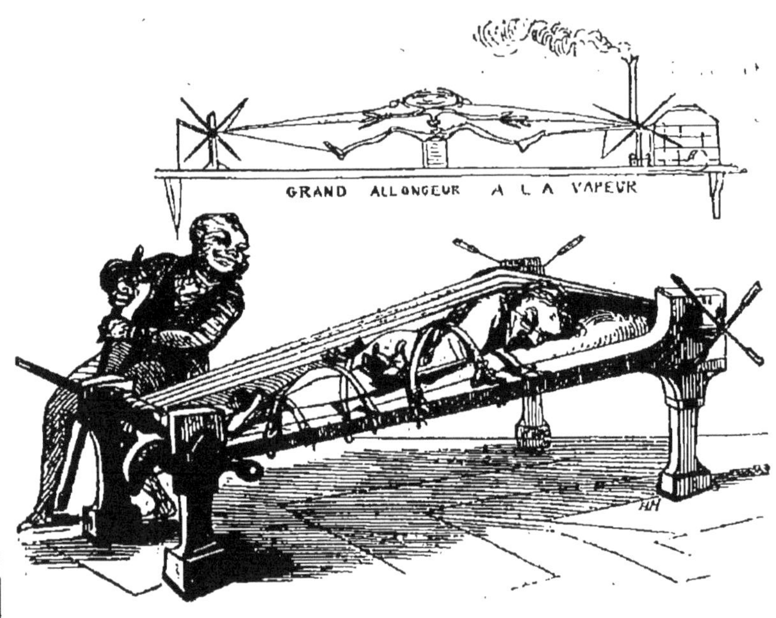

D'autres médecins orthopédiques adoptent une méthode tout opposée et se gardent bien de martyriser leurs malades.

Ils prennent les jeunes bossus dans leur adolescence, leur donnent des soins de père pendant six ans, — à trois mille francs par an, — puis, un beau jour, quand la famille éprouve le besoin de revoir son fils et de ne plus payer mille écus de pension, le docteur ramène le jeune homme dans les bras de l'auteur de ses jours en le déclarant radicalement guéri.

Et pour peu que le père soit lui-même orné d'une bosse, il trouve effectivement que son fils est beau comme les Amours!

CHAPITRE XV.

Quelques mots sur les Pharmaciens.

Généralement on n'admire pas assez l'influence des noms sur la destinée des hommes.

Voyez plutôt le pharmacien ! — Tant qu'il s'est tout simplement appelé apothicaire, ses fonctions ont été assez peu relevées, et sa position sociale était à la hauteur de ses fonctions. — Eh bien ! du moment où il s'est paré du nom de *pharmacien*, tout a été changé pour lui comme par miracle, — et il faut qu'il soit bien maladroit et bien peu charlatan pour ne pas se retirer au bout de dix ou douze ans d'exercices avec douze bonnes mille livres de rentes gagnées à l'aide d'une pâte ou d'un sirop quelconque, — mais *breveté* du gouvernement !

Du temps de Molière, l'apothicaire ne se faisait une petite fortune qu'après trente ans d'exercices, — et quels exercices, bon Dieu !

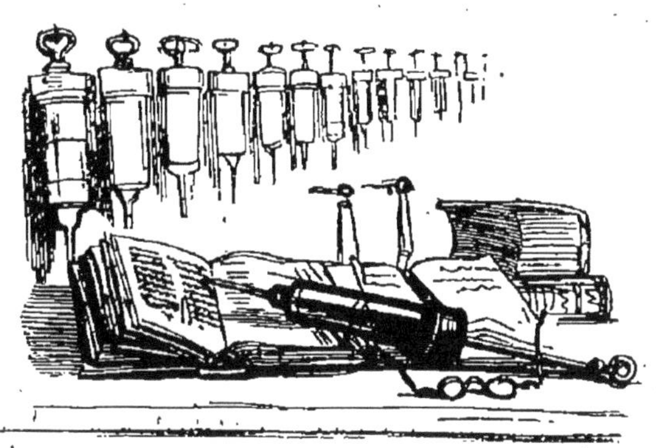

Il est une mode qui s'est établi dans tous les magasins parisiens, — c'est la *spécialité.*

Les boutiques des apothicaires, — pardon ! des pharmaciens ; — ont aussi promptement adopté cette méthode, et aujourd'hui chacun de ces industriels a la spécialité d'un spécifique unique, magnifique... et très-cher.

L'un ne tient que des millions de milliasses de pois à cautères, — l'autre s'est réservé la spécialité des mâchoires, et ne débite que des petits flacons inventés pour les maux de dents !

Ou un aliment engraissant.

Celui-ci fait concurrence à la manufacture de tabac du Gros-Caillou, et ne vend que des cigares-médicinaux destinés à guérir les rhumes de cerveau.

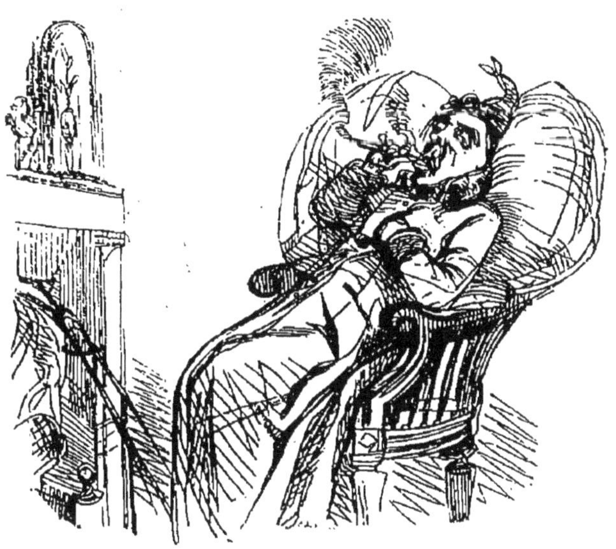

Ou une eau merveilleuse à l'aide de laquelle on peut se conserver à perpétuité, — après sa mort.

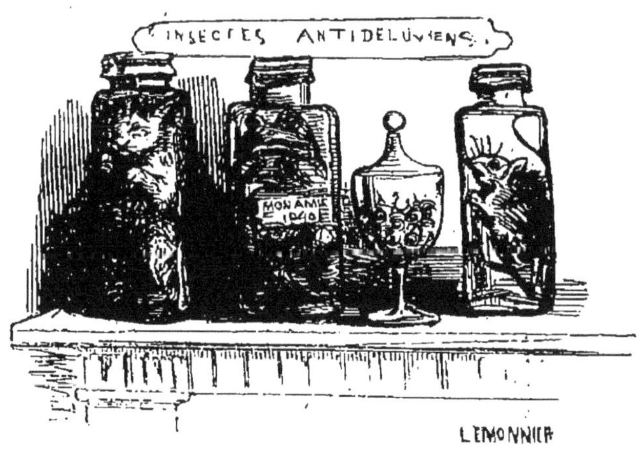

Celui-là enfin ne tient que des brosses électro-magnétiques dont l'usage enlève subitement les rhumatismes et même la peau.

Mais la véritable spécialité de deux ou trois cents pharmaciens parisiens consiste surtout à créer quelque nouvelle pâte pectorale.

On s'est beaucoup lamenté dans le temps sur la position déplorable de l'âne de Buridan, qui, placé entre deux boisseaux d'avoine, ne savait auquel donner la préférence ; mais la position de l'homme enrhumé, placé entre trois cents apothicaires pectoraux qui tous lui vantent leurs marchandises, est bien plus déplorable encore.

Ces industriels gagnent des monceaux d'or; auprès d'eux les banquiers ne sont que de très-petits garçons, et les agents de change des Savoyards.

Une légère grippe suffit pour donner cent mille francs de rentes au pharmacien qui sait exploiter la circonstance avec tant soit peu d'esprit.

En effet, pour trois mille francs on a tout un chantier de petits cotrets de bois de réglisse, et, pour obtenir la pâte et les cent mille francs désirés, il suffit d'allier ce réglisse à... un nom ronflant.

Voilà aujourd'hui la seule chose difficile, c'est de trouver un nom. On a exploité déjà jusqu'à satiété le nom du mou de veau, du colimaçon, de M. Regnauld aîné, et tous les autres noms plus ou moins balsamiques.

Il n'est pas jusqu'au caoutchouc qui ne se soit prêté à la plaisanterie pectorale : on a dit que, combiné avec un peu de réglisse, le caoutchouc fait des tablettes économiques qui peuvent être sucées à perpétuité.

Or, vous conviendrez avec moi que si cela ne fait pas de bien, cela ne peut pas non plus faire de mal. Est-il beaucoup de drogues dont il soit permis de faire le même éloge ?

Après le cœur du garde du commerce, du crocodile et du propriétaire parisien, il n'est pas de cœur plus dur, plus féroce que celui de l'inventeur de pâte pectorale ! Cet homme, qui du reste est excellent père de famille, et qui vendrait ses culottes pour acheter un polichinelle à son petit garçon, n'adresse des prières au ciel, soir et matin, que pour lui insinuer de faire attraper à tous les mortels une foule d'intranspirations, de rhumes et de coqueluches ! Cet homme barbare court ouvrir sa fenêtre en se levant, après avoir eu toutefois la précaution de s'entortiller dans une bonne robe de chambre bien ouatée ; et, consultant l'horizon, il se frotte les mains avec joie quand il voit que le vent vient du nord, et que le baromètre dirige son aiguille vers le temps des fluxions de poitrine.

A l'époque du dégel, quand les rues de Paris ressemblent exactement aux canaux de Venise, moins les flots bleus et les gondoles, notre homme bénit le nom de M. Gabriel Delessert.

Au printemps, à cette époque charmante où florissent les giboulées, il les voit fondre sur les Parisiens avec un plaisir sans égal. Cette giboulée est pour lui une manne céleste. — Il prépare trois cents petites boîtes pectorales.

Et tout dernièrement, lors des funérailles

de l'Empereur, le marchand de pâte pectorale, la tête couverte d'une excellente perruque, suivait partout le cortége en criant : *Chapeau bas* ! — Dans chaque tête découverte, notre calculateur voyait le débit assuré d'au moins quinze boîtes de pâte d'*escargot*, animal qui, comme chacun le sait, possède une coquille excessivement balsamique, lorsqu'on la fait infuser convenablement... dans la quatrième page des journaux !

L'inventeur de la pâte pectorale serait un homme parfaitement heureux s'il ne lui fallait pas continuellement lutter avec ses rivaux ; car, bien que tous les hommes soient frères, les pharmaciens sont cependant bien loin d'être cousins. Ils emploient toute la force de leurs poumons balsamifiés à se dire continuellement des choses désagréables, et à dénigrer leurs drogues mutuelles. A peine l'un a-t-il dépensé trente mille misérables francs d'annonces pour établir convenablement dans la société la nouvelle pâte du *lézard*, pâte éminemment amie de l'homme, qu'un rival dépense, le lendemain, quarante mille francs pour arracher le lézard du piédestal qu'on lui a dressé, pour prouver que ledit lézard n'est qu'un intrigant qui a volé sa réputation d'ami de l'homme, et que la seule véritable amie de l'homme est la limace.

Mais, hélas! la limace elle-même ne jouit pas long-temps de son triomphe; le surlendemain un audacieux coléoptère vient se dérouler à l'admiration du public, et le cloporte prouve dans ces mêmes journaux que lui seul possède une qualité qui s'est transmise de père en fils depuis la création du monde et des pâtes pectorales; que lui seul facilite l'expectoration de tout un chacun, calme la toux, guérit les maux de nerfs, arrête les engelures et fait couper les rasoirs.

O pharmaciens! pharmaciens! — vous êtes bien dignes de donner la main aux médecins, car vous êtes réellement leurs confrères, — en charlatanisme!

CHAPITRE XVI.

Epilogue — et Morale.

Suivant notre louable habitude nous n'avons pas voulu prendre congé de notre lecteur sans lui faire soigneusement remarquer et apprécier toute la morale de l'ouvrage qu'il vient de lire.

Mais c'est en vain que nous avons fait les efforts les plus grands, nous n'avons pas pu arriver à un autre résultat que celui-ci : — C'est que dans la conduite de tous les charlatans médicaux de l'époque il n'y a pas la moindre morale !

TABLE.

CHAPITRE I. — Avant-propos philosophico-médical. 5
CHAPITRE II. — Du nombre des médecins qui exercent, ou plutôt qui n'exercent guère en France. 13
CHAPITRE III. — Des différents moyens de se rendre célèbre. 19
CHAPITRE IV. — Les homœopathes. 26
CHAPITRE V. — L'agrément des consultations. 33
CHAPITRE VI. — Les hydropathes. 41
CHAPITRE VII. — Du magnétisme, du somnambulisme et du jobardinisme. 48
CHAPITRE VIII. — De la médecine et de la philanthropie. 58
CHAPITRE IX. — Deuxième classe de médecins philanthropes. Les docteurs en jupon. 64
CHAPITRE X. — Le médecin des eaux. 71
CHAPITRE XI. — Le médecin des dames. 77
CHAPITRE XII. — Du chirurgien militaire et du médecin de campagne. 84
CHAPITRE XIII. — Les empiriques voyageurs. 95
CHAPITRE XIV. Prodiges de la chirurgie. 103
CHAPITRE XV. — Quelques mots sur les pharmaciens. 111
CHAPITRE XVI. — Epilogue et morale. 121

Sous presse, pour paraître en août.

Physiologie

DE LA PORTIÈRE,

Par James Rousseau

(De la *Gazette des Tribunaux*).

VIGNETTES PAR DAUMIER.

PRIX : 1 FRANC.

Sous presse, pour paraître en août.

Physiologie

DU PROVINCIAL A PARIS

Par Pierre Durand (du *Siècle*).

DESSINS PAR GAVARNI.

PRIX : 1 FRANC.

F

Mau
son
très-

L
4 pa
gen

I
poc

de
co
Ju
vo

vr
té

En vente chez les mêmes Libraires.

PHYSIOLOGIE DE LA LORETTE, par *Maurice Alhoy*, dessins par *Gavarni*. 1 fr.

Id. DE L'ÉTUDIANT, par *L. Huart*, dessins par *Daumier*, *Alophe* et *Maurisset*. 1 fr.

Id. DU GARDE NATIONAL, par *L. Huart*, dessins par *Trimolet* et *Maurisset*. 1 fr.

Id. DE L'HOMME DE LOI, par *un Homme de Plume*, dessins par *Trimolet*. 1 fr.

Id. DU FLANEUR, par *L. Huart*, dessins par *Daumier* et *Alophe*. 1 fr.

SOUS PRESSE :

Id. DE L'EMPLOYÉ, par *Balzac*. 1 fr.

Id. DU PROVINCIAL A PARIS, par *Pierre Durand* (*du* Siècle). 1 fr.

Id. DE L'HOMME MARIÉ, par *Paul de Kock*, dessins par *Henry Monnier*. 1 fr.

Id. DU FLOUEUR, par *Ch. Philipon*, dessins par *Daumier*. 1 fr.

Id. DE LA PORTIÈRE, par *James Rousseau*. 1 fr.

Id. DE L'HOMME A BONNE FORTUNE, par *Édouard Lemoine*. 1 fr.

Id. DE L'ÉCOLIER, par *Ourliac*. 1 fr.

Id. DU TROUPIER, par *Marco-Saint-Hilaire*. 1 fr.

Id. DE LA DEMOISELLE A MARIER, par *L. Huart*.

Id. DU SALTIMBANQUE, par *Varin*. 1 fr.

Id. DE LA GRISETTE. 1 fr.

Id. DU JOURNALISTE, par *Louis Huart*. 1 fr.

Id. DU BOUTIQUIER. 1 fr.

Id. DE L'HOMME DE LETTRES. 1 fr.

Et beaucoup d'autres *Petites Physiologies* du même format et du même prix.

PARIS. IMPRIMÉ PAR BÉTHUNE ET PLON.

www.ingramcontent.com/pod-product-compliance
Ingram Content Group UK Ltd.
Pitfield, Milton Keynes, MK11 3LW, UK
UKHW020316250726
13967UKWH00004B/1755